KB188786

김현철의
고급진 클래식당
클래식으로
우아하게, 고급지게....
2025. 4. 5

김현철의 고급진

클래식, 어렵게 듣지 말고 맛있게 즐겨라!

클래식당

김현철 지음 | 박태연 감수

차선책
THE NEXT PLAN

추천사

김현철만의 유쾌한 매력으로 클래식을 쉽고 재밌게 풀어내는 《클래식당》. 까다로운 클래식 음악의 어려움은 걱정하지 않아도 된다. 그의 내공을 바탕으로 소개되는 40곡의 클래식 명곡은 유익하면서도 즐거운 경험을 선사한다. 다 읽다 보면 클래식이 주는 건강해지고 기분 좋은 음식을 먹은 듯한 기분이다. 웃음은 서비스~

—개그맨 겸 영화배우 임하룡

클래식에 미슐랭이 있다면 난 별 3개! 쓰리스타! 애피타이저부터 디저트까지 딱 좋아~! 클래식을 사랑하는 사람뿐만 아니라, 음악을 좋아하는 모든 이들에게 자신 있게 권하고 싶은 책!

—개그맨 남희석

나의 클래식의 허영심, 허기를 채우기에 너무 좋은 《클래식당》. 책장을 넘길수록 클래식의 매력에 빠져든다. 김현철의 해설이 더해져 더욱 특별한 시간이 될 것이다.

—예능PD 정형환

이제는 '지휘 퍼포머'가 아닌 대한민국을 대표하는 '지휘자'로서 그만이 할 수 있는 언어로 쉽고 유쾌하게 대중에게 다가가는 클래식 서적의 명작이다.

—평택 페스티벌 오케스트라 지휘자 노상훈

이 책은 클래식 음악이 얼마나 친근하고 감동적일 수 있는지 보여주며, 그의 이야기를 통해 우리는 일상에서 음악이 갖는 힘을 다시 한번 느낄 수 있다.

—예술나무컴퍼니 지휘자 겸 예술감독 임두식

김현철의 클래식 열정과 땀이 느껴지고, 그의 강인한 정신력이 놀랍다. 선배로서 다른 영역에서 역량을 발휘하는 후배들이 멋지고 이런 책이 나와서 기쁘다. 김현철의 따뜻한 시선과 유쾌한 문장이 클래식의 문턱을 낮추어 주고, 독자들에게 새로운 음악적 경험을 선사할 것이다!

—개그맨 겸 영화감독 심형래

클래식의 진정한 의미를 오랫동안 깊이 있게 고민하고 탐구한 지휘자 김현철의 땀 냄새가 가득 배어 있는 놀라운 책이다. 특히 클래식을 통해 사랑스러운 우리 어린이들을 건강한 정신과 영혼을 가진 훌륭한 인격체로 성장시키는 데 관심이 있는 대한민국의 모든 부모님께 꼼꼼한 정독을 권한다.

—전 대한한의사협회 소아청소년위원회 위원장, 황만기 키본한의원 대표원장 황만기

진정 상대방과 소통을 잘하는 사람은 자신을 낮출 줄 아는 사람이다. 가장 잘 가르치는 강사는 어린이 청중도 알 수 있도록 쉽게 설명할 수 있어야 한다. 여기 스스로 자신을 낮추어 말을 더듬는 친근한 '바보'가 되어, 다소 어려울 수 있는 클래식을 아주 쉽고 재미있게 전달하는 분이 계신다. 내가 존경하는 형, 현철이 형이다. 전 국민이 다 아는 유명한 개그맨인 그는 사실 어린 시절부터 클래식 음악을 사랑했다고 한다. 의외다! 전혀 어울리지 않는 개그맨과 클래식과의 인연, 그러나 이 인연은 우리에게 고마운 혜택을 준다. 바로 '편하고 쉽다'는 것이다. 거부감 없이 재미있고 편하게 다가와서, 어려울 수 있는 클래식을 쉽게 접하고 이해하게 해준다. 자신의 어릴 적 꿈을 포기하지 않고 가장 아이러니한 모습으로, 하지만 가장 효과적인 방법으로 시대를 초월하는 소통의 음악 콘텐츠를 개발한 것이다. 이 책을 통해 현철이 형의 진심이 전 국민에게 전달될 수 있기를 빈다. 마에스트로 김현철 '현마에' 형님! 늘 응원합니다.

—잘사는 멘토스쿨 금융 인문학자 이영권

김현철의 정체성을 의심해 본다. 개그맨으로 어눌하게 인기를 얻던 이가 개그를 클래식과 접목하여 클래식 대중화에 앞장서고 있다. 유쾌, 통쾌한 음악 세계를 구가하는 '국내 1호 지휘 퍼포머'가 소개하는 음악 세계와 그의 서술이 있는 발간이 기대된다.

—학교법인 단국대학교 상임이사 방장식

김현철이 클래식을 '음식'으로 해석한 이 책은 하나의 개념미술이다. 익숙한 재료를 전혀 새로운 방식으로 플레이팅 하듯, 그의 시선은 클래식을 유머와 지식으로 재구성한다. 음악을 향한 그의 해박한 지식과 유머가 더해져 클래식을 더욱 친근하고 맛있게 즐길 수 있는 책! 맛과 소리, 감각과 감성이 교차하는 이 실험적인 시도는 독자들에게 신선한 미적 경험을 선사할 것이다.

—팝 아티스트, 현대미술가 낸시랭

마스터 셰프의 맛의 향연은 메뉴 레시피를 통해 구현된다. 마에스트로 김현철은 클래식 레시피를 통해 멋들어진 소리의 향연을 우리에게 전달한다. 다가오는 2025년 봄이 기대된다.

—식품생명공학 박사 차윤환

클래식을 이렇게 쉽게, 이렇게 맛있게 즐길 수 있다니! 김현철의 해설을 따라가다 보면 어느새 클래식의 매력에 빠져든다!

—개그맨 안영미

클래식이 어렵다고? 김현철과 함께라면 웃으며 배울 수 있다! 웃음과 감동이 공존하는 클래식 입문서, 김현철만의 유쾌한 시선이 클래식 음악을 더 가깝게 만들어 줄 것이다.

—개그맨 박명수

클래식 음악은 어렵고 지루하다는 편견을 완전히 깨주는 책! 김현철 특유의 재치 있는 해설과 깊이 있는 통찰이 어우러져, 클래식을 처음 접하는 사람도 부담없이 즐길 수 있다. 유쾌한 스토리텔링 속에 클래식의 매력을 자연스럽게 녹여낸 이 책은, 마치 좋은 연주를 듣는 듯한 기분을 선사한다.

—개그맨 최양락

세계 최초로 개그맨이 들려주는 클래식 이야기가 궁금하지 않은가? 고급진 클래식, 하지만 어렵지 않은 클래식! 이 책과 함께라면 클래식이 더 이상 먼 세상이 아니다.

—개그맨 박준형

클래식을 듣는 방법은 다양하지만, 김현철이 알려주는 방식은 가장 쉽고 재미있다. 이 책은 단순한 음악 해설서가 아니라, 클래식과 우리의 일상을 연결해 주는 특별한 가이드다. 클래식을 공부가 아닌 놀이처럼 즐길 수 있도록 해주는 김현철의 유쾌한 해설로 누구나 부담 없이 클래식의 세계로 빠져들게 될 것이다.

—개그맨 이용식

김현철이기에 할 수 있는 클래식 이야기가 아닌가 싶다. 어렵고 딱딱한 해설이 아니라, 누구나 이해할 수 있는 쉬운 언어로 풀어냈다.

—《손태진의 트로트 라디오》 MC 겸 가수 손태진

이 책을 읽으면 클래식이 절대 지루하지 않다는 걸 알게 된다. 재미있는 해설과 음악적 통찰이 가득한 책!

—배우 이칸희

읽다 보면 클래식 음악이 눈앞에 펼쳐지는 듯한 생생한 해설! 클래식을 사랑하는 모든 분께 강력히 추천한다.

—가수 김혜연

음악과 개그의 경계를 허문 김현철! 클래식이 이렇게 친근하게 다가올 줄이야!

—가수 윤수현

클래식 음악에 관심이 있지만 어떻게 시작해야 할지 막막했던 분들에게 더할 나위 없는, 읽다 보면 클래식을 사랑할 수밖에 없게 만드는 매력적인 책이다. 10년이 넘는 시간 동안 〈현마에 유쾌한 클래식〉 코너를 진행하며 그의 클래식에 대한 사랑과 열정은 정말 남다름을 느낄 수 있었다. 유쾌함 속에서도 깊이가 느껴지는 책, 클래식 입문서로 손색이 없다.

—SBS 라디오 《이숙영의 러브FM》 DJ 이숙영

프롤로그

〈카르멘 서곡〉.

QR코드를 찍어보세요.

태광 에로이카 전축에서 처음 흘러나온 곡입니다. 지금은 스마트폰으로 유튜브에서 언제 어디서든 쉽게 들을 수 있는 클래식이지만 당시에는 LP판을 사서 전축에 꽂고 바늘을 LP판 위에 올려놓으면 LP판이 돌아가면서 비로소 음악을 들을 수 있었어요. 이렇게 말하니 정말 옛날얘기 같네요. 그날은 오랫동안 아끼고 아낀 용돈을 모으고 모아 LP판을 산 날이었습니다. 전축에서 〈카르멘 서곡〉이 흘러나오는 순간, 짜릿한 느낌이 온몸에 퍼져나갔습니다. 그리고 집에 아무도 없을 때면 늘 전축을 틀고 클래식을 들었습니다. 클래식 지휘자로 살게 된 건 그때의 태광 에로이카 전축 덕분인 것 같습니다.

"지휘자인가요? 지휘하는 연기를 하는 건가요?"

지휘하는 저를 두고 이런저런 평가를 하는 사람들이 있습니다. 그런 시선을 이겨내고 지휘를 계속할 수 있었던 건 클래식에 대한 애정과 열정 덕분입니다. 아무것도 모르던 소년이 클래식을 만나 사랑에 빠져 여기까지 오게 된 건 클래식의 매력 때문입니다. 저는 '지휘자냐, 연기자냐, 개그맨이냐' 묻는 사람들에게 답하고 싶습니다. 클래식을 처음 만나 40년 넘게 클래식을 사랑했고, 지금도 이렇듯 사랑하는 사람이라고요. 클래식에 대해서는 진짜 찐이라고 말이죠.

'클래식 전도사'라는 표현을 들을 때가 있습니다. 전에는 전도사가 뭔지 잘 몰랐습니다. 이제 전도사라는 직책이 얼마나 큰 것인지 알게 되었지요. 전도사라고 불려도 괜찮을까요? 아니, 클래식 집사 정도면 될 것 같습니다. 저를 만나 클래식의 재미를 얕게, 조금이라도 느끼게 된다면 그것으로 충분합니다.

클래식, 왜 어렵고 지루할까요? 클래식을 왜 들어야 하나요? 클래식은 책으로 치면 소설이라고 할 수 있습니다. 소설은 아무리 길어도 재미있게 읽을 수 있지요. 소설이 왜 재미있을까요? 소설은 발단, 전개, 절정, 결말로 구성돼요. 이야기는 발단과 전개를 거쳐 클라이맥스로 달려가고 결국 끝이 납니다. 클래식도 소설처럼 구조가 명확한 음악이라고 할 수 있습니다. 우리가 잘 알고 있는 바흐, 모차르트, 베토벤, 슈베르트…… 이런 작곡가들은 정형화된 구조로 작곡을 했습니다.

곡이 시작되면 눈을 감고 또는 눈을 뜨고, 상상을 시작해 보세요. 곡이 흘러나오면 신기하게도 상상이 시작됩니다. 곡은 발단, 전개, 클라이맥스를 거쳐 결말을 향해 달려갑니다. 소설을 읽을 때 머릿속에 그려지는 것과 마찬가지입니다. 활자를 읽으며 상상력이 키워지듯이 클래식을 들을 때도 상상하며 풍부한 감정을 느끼게 됩니다. 클래식이 두뇌 계발에 도움이 된다는 건 그런 이유 때문인지도 모르겠습니다.

평생 진심을 다해 사랑해 온 클래식의 매력을 함께 나누고 싶어 이 책을 쓰게 되었습니다. 여러분이 이야기를 다 읽고 나서 조금이나마 제가 빠져들었던 클래식의 매력을 맛볼 수 있다면 좋겠습니다. 그리고 언젠가 클래식 공연장에 가기 전이나 혹은 다녀와서 "이 곡은 말이야" 하며 한 마디 꺼낼 수 있기를 바랍니다. 사랑에 빠지게 된 곡이나 사랑하는 음악가가 생길 수도 있습니다. 현마에의 찐 클래식 사랑이 아름다운 클래식 선율을 따라 전달되길 소망합니다.

2025년 봄, 김현철

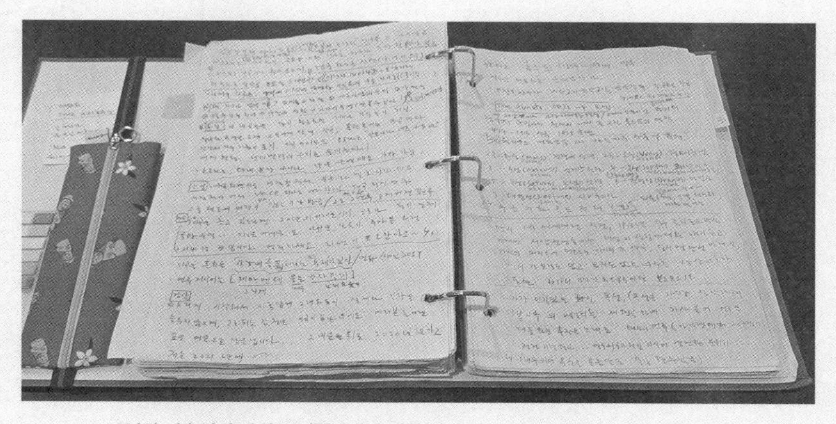

10년간 이숙영의 파워FM 〈현마에 유쾌한 클래식〉 코너를 진행하며 공부해온 흔적

차례

3부. 시그니처 메뉴

4부. 사이드 디시

5부. 달콤한 디저트

6부. 콜라보 메뉴

MENU

1부.
애피타이저

“악보는 마음으로 듣는 것이다.”

헤르베르트 폰 카라얀(Herbert von Karajan)

개그맨인가요?
지휘자인가요?

제가 처음부터 클래식을 좋아했던 건 아니에요. 지휘자를 하려고 시작했던 것도 아니고요. 처음에는 웃기려고 지휘했어요. 언제부터였냐면 '응답하라 1982' 아니, '응답하라 1983'으로 가야 해요. 초등학교 4, 5학년 때인데 그때는 국민학교였어요. 1~2학년까지는 담임 선생님이 모든 걸 해 주시죠. 그러다 3학년 때부터 반장, 부반장을 뽑았어요. 1~2학년 때까지는 담임 선생님이 다 하시니 반장, 부반장이 필요 없었어요. 그러다 가장 중요한 HR(홈룸) 시간이 옵니다. HR 시간에 학급 회의를 했어요. 국회를 초등학교 버전으로 만든 작은 의회 같은 거죠.

그럼 HR 시간에 뭐를 했냐. 각 부의 부장을 뽑는 거예요. 학습부장, 체육부장, 미화부장, 선도부장, 오락부장을 뽑았던 거죠. 학습부장 등은 담임 선생님이 임명하는 거예요. 대통령이 장관 임명하듯이 말이죠. 국민의 의사와 상관없이 대통령이 장관을 임명하듯이 하는 거예요.

하지만 오락부장은 달랐어요. 반 아이들의 전폭적인 지지를 받아야 만 오락부장을 할 수 있었으니 말하자면 아무나 할 수가 없었지요. 학습부장은 공부 잘하면 되고, 미화부장은 만들기나 그리기를 잘하면 되니 선생님이 그런 애들을 시켰어요. 그런 오락부장을 3학년 때부터 하게 된 거죠.

그런데 여당, 야당에서 후보가 한 명씩 나오듯이 오락부장 후보가 한 명 더 있었어요. 저만 죽이는 라이벌이 있었던 거예요. 극적으로 그 후보를 물리치고 오락부장이 됐어요. 3학년부터 6학년까지 4년 동안 하고, 중학교 3년, 고등학교 3년까지 총 10년 동안 오락부장을 한 거예요. 여기서 중요한 건 반 아이들의 전폭적인 지지에 의해서였다는 거죠.

고등학교를 졸업하고 재수를 하면서 학원 종합반을 다녔어요. 종합반은 초중고등학교의 반과 마찬가지예요. 단과는 한 과목 수강하면 끝이기 때문에 서로 잘 모르는데 종합반은 같은 반 애들끼리 공부해서 잘 알았어요. 대학 가려고 다니는 종합반에는 오락부장 같은 게 필요 없죠. 그런데 종합반에서도 제 끼가 아까웠는지 선생님들과 학생들의 요청으로 틈틈이 오락 시간을 가지면서 거기서도 오락부장을 했어요. 서울예전 1학년 때도 오락부장이었어요. 무려 12년을 연임한 거죠.

5학년쯤부터 머리가 커지면서 고민이 시작되었어요. '쟤는 나보다 못 웃기는데 애들이 웃네?' 싶은 거예요. 어떤 애들은 공부로 질투를 하는데 저는 웃기는 걸로 배가 아픈 거죠. '나보다 못 웃기는 애인데 오락 시간에 애들을 웃기네' 싶어서 이유를 분석해 봤더니 당시에는 애들이 이주일 흉내를 많이 냈었어요. 그리고 오락 시간에 그런 걸 하는 거예요. 평소에는 나보다 못 웃기는 애가 코미디언 흉내로 친구들을 웃기니까 자존심이 상했어요. "콩나물 무쳤냐?" 이러면서 가면 애들이 웃는 거죠. 저는 연구하고 고민해서 선생님 따라 하고, 기승전결이 있는 개그를 했는데 얘네들은 그냥 코미디언들을 따라 하는 거예요.

그러다가 남들이 못 따라 하는 아이디어를 개발해야겠다고 생각했어요. 공부는 안 하고 아이디어를 개발해야겠다는 생각에 빠진 거예요. 그때 텔레비전에서 9시 뉴스 하기 전에 《가곡의 산책》이라는 코너를 했었어요. 뮤직비디오처럼 성악가들이 나와서 노래하는 거죠. "배를 저어 가자. 험한 바다 건너", "물망초 꿈꾸는 님이 오시는지" 하며 성악가들이 돌담길 같은 데 딱 서서 〈동무 생각〉 같은 걸 불렀어요. 입을 크게 벌리면서요. 그걸 보면서 진지하게 '아 저거다!' 했어요.

이제 오락 시간만 기다리는 거죠. "초연이 스쳐 간……." 이러면서 일어나 앞으로 나가는 거예요. 애들이 자지러지는 거죠. 이게 저의 클래식 입문입니다. 〈그 집 앞〉, 〈선구자〉……. 그런데 애들이 매번 했던 곡을 또 하면 지겨워하는 거예요. 다음 시간에는 딴 걸 해야 하는 거죠. 그런데 자주 하면 또 지겨워해요. 그러다 보니까 레퍼토리가 느는 거예요.

'클래식이 나한테 어떤 의미일까?' 생각해 보면 목숨과도 같다고 표현해도 될 것 같아요. 이렇게 말하면 거창하지만 '생명과 같다'고요. 왜냐하면 이 일을 안 하면 못 견디니까요. 저에 대한 편견과 오해를 이겨낼 수 있었던 건 클래식에 대한 애정과 열정이 있어서였습니다. 아무것

도 모르는 소년이 클래식의 매력에 끌려 어느 순간 너무 애정하고 사랑하게 돼서 여기까지 온 거예요. 결국 클래식의 매력, 클래식에 대한 애정 때문입니다.

한 분야에서 몇십 년 일하는 사람을 '장인'이라고 부르죠. 저를 장인이라고 부르지 않아도 좋지만, 클래식에 대한 진심만은 많은 분들이 알아주길 바랍니다. 45년 이상 취미로 즐겼던 게 아니고 그 이상 진심으로 빠져들어서 사랑한 거니까요. 제가 너무 사랑하는 클래식을 누구든지 사랑하게 만들고 싶어요.

"클래스가 다르네"라는 말을 하지요. 비행기 탈 때도 이코노미 클래스가 있고, 비즈니스 클래스가 있어요. 클래스라는 말은 거기에서 온 거예요. 처음에는 왕족, 귀족들이 점유했던 계급 음악이었던 거예요. 클래식은 라틴어 '클래시쿠스(Classicus)'에서 유래된 말로 원래 최고 등

급의 시민, 최상급의 것을 의미했어요. 로마 시대에는 높은 사회적 지위를 가진 사람들을 지칭하는 데 사용한 거예요. 오랫동안 사랑받은 거니까 그 가치가 있지 않을까요. 진짜는 오래 살아남아요. 그래서 저는 클래식이 좋아요.

아내에게 바치는 노래

〈트로이메라이〉앞부분을 들으면 늘 마음이 뭉클해집니다. 슈만의 피아노곡집《어린이 정경》에 수록된 곡이에요. 이 곡은 제목에 나오듯이 아이들을 위한 곡이 아니라 어른들을 위한 곡입니다. 어린 시절의 순수함을 느껴보라는 곡이지요. '어린 시절에 그랬었지. 세월이 흘러 이제 어른이 됐구나. 그때가 그립다'라고 어린 시절을 회상하고 꿈을 떠올리는 곡입니다. 저는 이 곡을 휴대폰 벨 소리로 해 놓았습니다. 슈만의《어린이 정경》중 7번째 곡입니다.

로베르트 슈만은 1810년 독일에서 태어난 가장 위대한 낭만주의 작곡가 중 한 명입니다. 슈만은 출판업을 했던 아버지의 영향으로 책을 보며 많은 시간을 보냈어요. 7세 때부터 음악을 배웠는데 작곡과 연주에 모두 재능을 보였지요. 음악과 문학을 사랑하던 소년 슈만은 16세 때 아버지가 사망하면서 가족의 생계를 위해 어머니의 뜻에 따라 법대에 진학했어요.

하지만 음악가의 길을 포기하지 못하고 20살에 피아니스트가 되기로 결심했어요. 프로 연주자들은 대부분 5~6살의 어린 나이에 연주를 시작하잖아요. 당시도 마찬가지였습니다. 20살 성인이 피아니스트가 되겠다고 하니 주변에선 다들 의아했겠죠. 슈만은 늦게 시작했으니 남들보다 열심히 해야 피아니스트가 될 수 있을 거라는 생각으로 너무 연습을 많이 한 나머지 오른손에 이상이 생깁니다. 피아니스트로서 좌절할 수밖에 없었겠지요. 슈만은 피아니스트로서의 길을 포기하고 음악 평론가와 작곡가로 살게 됩니다.

슈만은 어릴 적부터 죽음의 공포에 사로잡혀 괴로워했습니다. 슈만의 아버지는 신경 질환으로 53세에 죽고, 어머니도 말년에 우울증을 앓았으며, 하나뿐인 누나는 자살했습니다. 23세 때는 형과 형수가 동시에 세상을 떠나는 일도 겪게 되지요. 결혼 후 안정을 찾았던 슈만은 정신 질환에 시달리며 정신적으로 황폐해지고 1854년 44세에 유서를 남긴 채 라인강에 몸을 던집니다. 다행히 지나가던 사람이 구해주지만, 정신병원에 입원해 2년간 투병하다 1856년 46세의 나이로 세상을 떠났어요.

슈만의 고통은 사랑하는 아내조차 이해하기 힘들었고 슈만은 처절한 외로움 속에 고통받았어요. 그런 슈만이 기억하는 어린 시절은 달랐겠지요? 《어린이 정경》에 수록된 〈트로이메라이〉를 들으며 슈만의 고통과 외로움을 생각하면 가슴 한편이 묵직해집니다.

제가 이 곡을 좋아하는 이유가 있습니다. 한번 들어보시면 금방 알 수 있을 텐데……. 같이 들어볼까요?

"젖은 손이 애처로워 살며시 잡아본 순간, 거칠어진 손마디가 너무나도 안타까웠소……."

하수영님의 〈아내에게 바치는 노래〉의 첫 소절입니다. 이 곡 얘기를 왜 꺼냈냐고요? 어린 시절에 참 많이 들었던 곡이거든요. '어렸을 때 생각나는 노래' 하면 이 노래가 딱 떠오릅니다. 그때는 이 노래를 우리 아버지도 부르고 옆집 아버지도 부르고 그랬어요. 동네에서 노래자랑이라도 하면 젓가락 두들기면서 "젖은 손이 애처로워 살며시~" 하고 불렀어요. 노래 가사가 와닿아서 그런 것 같지는 않아요. 옛날 그 시절 아버지들은 "물 떠 와!"라고 어머니한테 큰소리치던 분들이었어요. 그런 아버지들이 틈만 나면 "젖은 손이 애처로워~" 하고 흥얼거렸지요. 당시 가부장적인 아버지들도 노래할 땐 어머니, 아내를 생각하는 마음이 있었나 봅니다.

클래식 음악 지휘를 시작하면서 라디오에서 음악 프로그램을 진행하던 때가 있었습니다. 매주 한 곡씩 선곡하고 대본까지 작성해서 진행하는 프로그램이었는데, 아직도 하고 있는 장수 프로그램입니다. 어느 날 〈트로이메라이〉를 듣는데 저도 모르게 "젖은 손이 애처로워~" 하고 흥얼거리고 있는 거예요. 그리고 깜짝 놀라서 '어떻게 슈만이 이 노래를 따라 했지? 아니, 그게 아니라 슈만 음악을 따라 한 건가?' 하고 생각했어요. 《어린이 정경》 앞부분은 피아노이고 〈아내에게 바치는 노래〉는 색소폰이라서 다르게 느껴지지만, 멜로디의 흐름은 똑같은 거예요.

저는 일제 강점기 때 불렀던 오래된 가요들이 가슴에 와닿아서 좋아합니다. 그 시대를 살지는 않았지만, 그 당시 노래를 들으면 애틋한 느낌이 들어요. 〈바다의 교향시(1938년)〉, 〈나그네 설움(1940년)〉 같은 그 시대의 아픔이 담긴 곡들을 좋아합니다. 어린 시절에 이런 노래들을 많이 들으면서 자랐어요. 우리나라 사람만이 가질 수 있는 정서가 흐르는 곡들이지요. 가사가 주는 매력이 있어요. 가사에 담긴 내용을 생각하면 한, 서글픔 같은 것들을 느낄 수 있어요.

> 오늘도 걷는다마는 정처 없는 이 발길
> 지나온 자국마다 눈물 고였다.
> 선창가 고동 소리 옛님이 그리워도
> 나그네 흐를 길이 한이 없어라.
> —〈나그네 설움〉 가사 중에서

1940년대는 일제의 식민 통치가 30년을 넘어가면서 가족들은 일본군에 강제 징집되고, 이름을 일본식으로 바꾸고, 신사 참배를 하고…… 일제의 통치가 가혹했던 시기였죠. 〈나그네 설움〉이 실린 앨범이 10만 장이나 팔린 건 식민 지배 아래 숨죽이며 살아가던 우리 민족의 가슴을 울렸기 때문일 거예요.

왜인지 〈트로이메라이〉를 들으면 뭉클해져요. 제목은 《어린이 정경》이지만 어린이들을 위한 곡이 아니라 어른들을 위해서 작곡한 곡이에요. 어른들에게 "어린 시절에 좋았던 추억을 한번 회상해 보세요"라고 작곡을 한 거죠. 듣다 보면 울컥할 때도 있어요. 가난한 집에서 태어나 40여 년이 흘러 클래식 음악으로 먹고사는 제가 신기하고 대견스럽기도 하고 이런저런 생각이 들어서 이 곡을 들으면 울컥해요.

휴대폰 벨 소리인 〈트로이메라이〉가 가 울리면, 첼로의 저음이 나오며 이어지는 음악이 좋아서 가끔 전화가 와도 안 받고 음악을 듣고 있을 때도 있어요. '지금 안 받아도 다시 할 사람이면 하겠지' 하고 벨 소리를 듣는 거죠. 혹시 제게 전화했는데 전화를 안 받을 때는 벨 소리를 듣는 중일 수도 있으니 오해 마세요.

10년 만에 알게 된 곡 이름

오페라 제목은 대부분 사람 이름으로 되어 있어요. 그래서 《루슬란과 루드밀라》는 루슬란과 루드밀라라는 사람의 이름인 거죠. 러시아에서 루슬란과 루드밀라는 흔한 이름이라 러시아에서 "루드밀라!" 그러면 서너 명 넘게 쳐다볼 정도예요. 옛날로 치면 철수와 영희 같은 이름인 거죠. 《루슬란과 루드밀라》는 루슬란이라는 멋진 청년이 루드밀라를 구출하러 간다는 내용입니다. 춘향이와 이몽룡 같은 이야기인 거죠.

제가 어렸을 때는 요즘처럼 오락거리가 별로 없었어요. 남는 시간에는 텔레비전을 보거나 돈 모아서 극장 가는 것밖에 오락거리가 없었지요. 극장에 가면 동시 상영을 했는데, 영화 한 편이 500원일 때 동시 상영으로 하나는 무협 영화를 해 주고, 하나는 야한 영화를 해 주는 식이었어요. 좋아하는 중국 영화 《외팔이 검객》 같은 영화를 보려면 다른 영화도 억지로 봐야 하는 그런 때였어요.

집에서는 텔레비전 보는 게 유일한 낙이었죠. 당시에는 지금처럼 다양한 채널도 없었어요. 볼 게 얼마나 없었으면 토요일 오전에 2번에서 나오는 AFKN을 봤을까요. AFKN(American Forces Korean Network)은 미군 부대에서 보려고 만든 미국 방송인데 토요일 오전에 만화 영화가 나왔어요. 미군 자녀들을 위한 거였지요. 토요일 오전에 AFKN에서 나오는 《찰리 브라운》 같은 미국 만화 영화를 뭔 말인지도 모르면서 보면서 웃고 그랬어요.

어린이 방송이 어디 있어요. 그런데도 텔레비전 앞에 붙어 있었던 거죠. 평일은 정규 방송이 6시에 시작하는데 토요일에는 1시부터 나왔어요. 토요일에는 5시간 전에 방송이 나오니까 얼마나 신났는지요. 1시 전부터 텔레비전 앞에 가 있는 거죠. 1시 전에 텔레비전을 켜면 '지지직' 하는 소리가 나면서 흑백 화면이 나왔어요. 꼭 요즘 QR코드처럼 생긴 화면이었지요. 그러다가 5분 전, 12시 55분이 되면 까맣고 하얀 흑백 화면이 나오다가 12시 56~57분이 되면 컬러바가 나와요. 그러고 1분 있다가 음악이 나오고 마지막으로 오늘의 방송 순서가 흐릅니다. 1시 KBS 뉴스, 1시 10분 KBS 씨름 대회, 2시 전국 노래자랑 재방송…….

1시 전에 나오는 음악이 너무 신났어요. 텔레비전이 시작해서 그랬는지도 모르죠. 매주 듣는데 들을 때마다 음악이 너무 신나서 '이 곡 제목이 뭘까?' 궁금해졌어요. 초등학생 때부터 클래식을 좋아했으니까 용돈 모아서 레코드 사고 그랬지만 주변에는 클래식을 듣는 사람이 아무도 없었어요. 다들 이문세 듣고 그럴 때니까요. '빰빰빰빰' 하는 베토벤 〈운명 교향곡〉 같은 곡이었으면 금방 알았을 텐데 도저히 알 방법이 없었던 거예요.

지금 같으면 상상도 못 할 얘기죠. 음악 찾아주는 앱도 있고, 휴대폰만 있으면 1분도 안 걸려서 찾을 수 있을 거예요. 그런데 그때는 모르는 음악 제목을 찾을 방법이 없었어요. 어느 날 자주 가던 레코드 가게에 가서 "아저씨, 이 음악 좀 주세요. 제목은 모르는데 이렇게 시작해요"라며 텔레비전에서 들었던 멜로디를 흥얼거렸어요. 아저씨가 저를 쳐다보더니 가라고 해서 쫓겨났어요.

대학교에 들어가서 한참 후에 그 곡의 제목을 알게 됐어요. 바로 〈루슬란과 루드밀라 서곡〉이라는 것을요. 대학교에서는 아무래도 만나는 사람의 폭이 넓어지다 보니 어떻게 알게 된 거예요. 10년 만에 제목을 알게 된 곡이라 그런지 애착이 가는 곡이에요.

이 곡을 작곡한 사람은 '러시아 음악의 아버지'라고 불리는 글린카입니다. 이 곡으로 인해 러시아 작곡가들을 알게 되었어요. 차이콥스키도 알게 되고 러시아 5인방이라고 하는 알렉산더 보르딘, 림스키코르사코프, 발라키레프와 쿠이, 무소륵스키에 대해서도 알게 된 거죠. 이탈리아 가극에 빠져 있던 당시 사람들은 《루슬란과 루드밀라》에 관심을 보이지 않았고 글린카는 죽은 후에야 인정받게 됩니다.

지휘자는 무슨 일을 하나요?

원래 지휘할 때 지휘봉이 없었어요. 사실 지휘라는 개념이 생긴 지 얼마 되지 않습니다. 19세기 사람인 멘델스존 때부터 정식 지휘자, 전문 지휘자가 있었어요. 그때까지는 지휘를 거의 안 했어요. 왜냐하면 소규모였거든요.

영화《아마데우스》를 보면 당시에도 모차르트가 지휘하는 액션이 있어요. 모차르트의《후궁으로부터의 유괴》라는 오페라인데 손으로 지휘하거든요. 지휘봉은 멘델스존 시대 때부터 본격적으로 쓰였어요. 곡이 복잡해졌기 때문에 지휘봉이 필요해진 거죠. 4악장까지 있는 교향곡을 연주하려면 편성이 복잡해지는 거예요. 모차르트까지만 해도 편성이 많지 않았어요. 그러다 베토벤 때부터 복잡해진 거예요. 교향곡이 복잡해지니까 그걸 연주하기 위해 더 많은 악기가 들어오고 이제는 지휘자 없이 연주를 할 수가 없는 거죠.

간혹 어떤 연주회장에 가면 지휘자 없이 연주할 때가 있어요. 연주자들 스물 몇 명이 있고 악장이 사인을 줍니다. 당시에도 그렇게 연주했었어요. 지휘자의 역사는 얼마 되지 않아요. 베토벤 때부터 복잡해져서 베토벤은 자신의 곡을 지휘했다고 해요.

예전에는 지휘를 어떻게 했을까요? 바흐 이전에도 복잡한 곡이 있긴 있었어요. 그때 어떻게 했냐면 지팡이를 짚거나 들고 지휘자가 가운데 서서 "시작"이라고 하면서 지팡이로 바닥을 쳤어요. 루이 14세 때 '장바티스트 륄리'라는 사람이 지휘자의 효시라고 할 수 있지요. 그전에는 지휘가 거의 없었습니다. 악장이 하면 따라서 하고 그랬어요. 장바티스트 륄리가 카리스마 있게 바닥을 치면서 지휘했는데 당시에 유명했었어요. 바닥을 찍고 시작해서 마지막에 "하나, 둘, 셋" 하면 인사하고 그랬습니다.

베토벤 때부터 곡이 복잡해지면서 신호를 주게 된 거예요. 시작이나 끝이라는 신호를 안 주면 뒤에서 알 수가 없기 때문이지요. 지휘자의 역할은 "하나, 둘, 셋" 이런 신호를 주는 건데, 악장이 하면 뒤에서 안 보이니까 앞에 나와서 하게 된 거예요.

루이 14세는 프랑스 혁명에 나오는 루이 16세 전에 있었던 왕이에요. 베르사유 궁전을 짓고 매일 파티를 했지요. 루이 14세는 춤을 좋아해서 귀족들 앞에서 화려한 옷을 입고 춤추는 걸 좋아했어요. 그런데 파티를 해야 귀족들이 오니까 자신의 춤을 보여주려고 매일 파티를 한 거죠. 그 당시를 잘 보여주는 게 영화《태양왕 루이 14세》입니다. 왕이 파티 주인공이고 관객들은 귀족들인 거죠. 연주할 때 귀족들이 박수도 치면서 공연 문화가 자리 잡은 거예요. 장바티스트 륄리가 지팡이를 탁 치면 왕 루이 14세가 등장해서 춤을 췄지요. 그런데 어느 날 실수로 지팡이로 자신의 발등을 찍은 거예요. 그런데 끝까지 연주를 마쳤어요. 결국 상처가 심해져 장바티스트 륄리는 합병증으로 그해 죽게 됩니다. '자기가 제 발등을 찍는다'라는 말처럼 자기 발등을 찍은 거예요. 웃기려고 하는 말이 아니에요.

가끔 오케스트라 앞에서 열심히 지휘하고 연주가 끝났을 때 이런 질문을 받을 때가 있어요. 친한 개그맨들, 동료들이 웃기느라 던지는 질문인데 "단원들이 악보만 보고 아무도 지휘자를 안 보던데, 지휘자를 왜 안 보냐?"라는 거예요. 진행자가 마침 옆에 앉은 단원에게 물어봅니다. 그때 단원이 "눈이 작아서 안 보는 것처럼 보이는 거예요"라고 대답해서 웃으며 넘어간 적이 있습니다. 실은 단원들이 악보를 계속 보고 있어야 곡의 흐름을 놓치지 않기 때문에 악보를 내려다보고 있지만 주변 시야로 지휘자를 봅니다. 악보를 내려다보면서 살짝살짝 지휘자를 보는 거죠.

지휘자는 곡의 시작과 끝을 알려주는 역할이에요. 오케스트라는 여러 명이 앉아서 연주하기 때문에 끝에서 끝이 안 보이고 서로 안 들립니다. 지휘자는 앞에서 모든 오케스트라를 볼 수 있기 때문에 시작과 끝을 알려줄 수 있죠. 그리고 곡 중간에 지휘자를 꼭 봐야 하는 기호가 있을 때가 있어요. 마디 사이에 나오는 기호인데 '페르마타(𝄐)'라고 해서 늘임표를 뜻해요. 2~3배 늘려서 연주하라는 뜻이에요. 2~3배라는 건 연주자마다 해석이 다를 수 있기 때문에 반드시 지휘자를 따라야 합니다.

지휘자 대기실에서 기다리는 동안 많은 일들이 일어납니다. 어느 공연 날, 궂은 날씨로 노쇼 관객들이 있다는 얘기를 전해 들었습니다. 티켓값을 냈으니 상관없지 않냐고요? 하지만 그렇지 않습니다. 앞자리라도 비면 뒷자리에 앉은 관객들은 '열심히 티켓 샀는데 앞자리는 비어 있네?'라고 생각할 수 있고, 그렇다고 빈자리에 누굴 앉힐 수도 없습니다. 언제 올지 모르니까요.

지휘복에 어울리는 양말을 꺼내 신고 커머밴드를 허리에 두릅니다. 넓은 띠처럼 생긴, 연미복 입을 때 허리에 두르는 장식입니다. 지휘자가 검은색을 사랑하는 데는 이유가 있습니다. 이발사들이 손님 머리카락이 잘 보이게 흰 가운을 입듯이, 지휘자도 흰색 계열의 지휘봉이 잘 보이게 하기 위해 검은색 옷을 입는 것이죠.

이제 지휘봉을 골라 들어봅니다. 오늘 공연을 위해 새 지휘봉을 꺼냅니다. 지휘봉을 사러 낙원 악기 상가에 다녀왔었습니다. 얼핏 보기에는 젓가락처럼 기다란 막대기인 것 같지만 지휘봉에도 종류가 많습니다. 합창용, 오케스트라용 등 용도에 따라 길이가 다양합니다. 심포니 오케스트라 지휘를 위해서는 멀리서도 잘 보이게 하기 위해 긴 지휘봉을 씁니다. 이런저런 지휘봉을 구경하는데, 가게 사장님이 한번 잡아보라며 지휘봉을 하나 건네주셨어요. 잡는 순간 '아, 이거다!' 싶었습니다. 잡았을 때의 무게중심, 그립감 등 지휘봉마다 조금씩 느낌이 다릅니다.

"이거 얼마예요?"

"삼십만 원이요."

'역시 좋은 건 비싸구나' 하고 벼락 맞은 대추나무로 손잡이가 만들어진 지휘봉을 살며시 내려놓으려고 하는데 사장님이 제가 지휘하는 걸 아시고는 선물로 주신다는 거예요. 특별한 공연을 위해 아껴두다가 오늘 그 지휘봉을 꺼낸 겁니다.

지휘자는 무대에서 가장 돋보이는 자리에 서지만, 그에 따른 책임은 정말 큽니다. 지휘봉, 연미복을 갖춰 입는다고 지휘자가 되는 건 아니에요. 공연장 리허설에 가면 여러 가지를 꼼꼼하게 확인합니다. 특히 오케스트라의 위치가 중요한데 최대한 관객과 가까운 곳에 있어야 관객들이 생생하게, 좀 더 재미있게 음악을 감상할 수 있기 때문입니다. 오케스트라 단원들의 의자 위치를 체크하고 무대 앞에서 멀리 떨어져 있다 싶으면 앞으로 이동시킵니다. 조명, 음향 모두 움직여야 하는 큰 작업이지만 더 좋은 공연을 위해 가능할 때면 움직이도록 부탁합니다.

공연을 위한 준비가 모두 끝나고 이제 대기실입니다. 양말, 지휘봉, 연미복을 차려입으니 모든 준비가 끝났습니다. 자, 이제 공연이 시작됩니다!

박수는 언제 치나요?

클래식 연주회에서 사람들이 늘 물어보는 게 있습니다. '박수는 언제 쳐야 하는가'입니다. 한번 생각해 봅시다. 곡이 끝난 줄 알고 박수를 쳤는데 알고 보니 연주가 끝난 게 아닐 때 어떨까요. 연주하는 사람한테 박수는 방해가 될 거예요. 연극을 할 때 관객의 휴대폰 진동 소리도 방해가 되지요. 마찬가지예요. 연기자가 연기하는 데 방해되면 결국 관객들한테도 방해가 되는 셈이지요. 좋은 음악을 들으려고 왔는데 휴대폰 벨 소리가 울리면 짜증 나지요. 그러니 공연 중간에는 박수를 치지 않는 것이 좋습니다. 연주자들에 대한 배려, 그리고 관객들에 대한 배려인 겁니다. 그러다 보면 웃지 못할 일도 벌어집니다. 교향곡 연주가 잘 끝났는데 아무도 박수를 안 치는 겁니다. '박수를 치면 안 되지' 하고 생각하다 그런 경우도 생깁니다. 아이러니하지요?

오페라는 예외라고 할 수 있어요. 아리아 사이에 박수는 당연히 칠 수 있습니다. 그럼 박수 칠 타이밍을 알려드릴게요. 연주 시작 전과 연주가 끝난 후에 박수를 치는데, 연주자가 연주를 시작하러 무대로 걸어 나올 때 박수를 치고, 연주를 마친 연주자가 자리에서 일어나거나 인사를 할 때 박수를 치면 됩니다. 지휘자는 연주가 끝나고 연주자들을 향해 손짓을 해 연주가 끝났음을 알려주니 이때가 박수 칠 타이밍인 거죠.

이런 고민의 여지가 없는 곡이 〈라데츠키 행진곡〉입니다. 요한 슈트라우스가 작곡할 때 관객들의 박수도 연주로 생각하고 작곡했습니다. '라데츠키 장군을 박수 치면서 찬양하자'라며 만든 곡이에요. 라데츠키 장군은 오스트리아 장군이에요. 우리에게 이순신 장군 같은 사람인 거죠. 이 곡은 박수에 대한 고민을 안 해도 돼요.

〈라데츠키 행진곡〉은 관객들의 박수도 연주의 일부로 작곡을 한 겁니다. 장군을 찬양하려면 박수가 있어야 하겠지요? 조용히 있으면 찬양이 될 수 없으니까요. 그러니까 이 곡만큼은 박수를 치면서 위대한 장군인 라데츠키를 기릴 수 있습니다. 클래식 곡 중에서 이렇게 박수를 편하게 칠 수 있는 곡은 공식적으로는 이 곡밖에 없는 것 같습니다. 클래식 연주회는 대부분 엄숙하지요. 그런 분위기가 클래식에 다가가기 어렵게 만드는 것 아닐까 싶기도 합니다.

제 공연은 전 연령 관람가예요. 클래식 공연은 관람 가능 연령이 7~8살 이상으로 정해져 있어요. 왜 이런 기준이 있을까요? 아이들은 돌아다니거나 울 수 있으니 연주하는 사람들한테 방해가 될 수도 있고, 비싼 티켓 구입해 온 사람들에게 방해가 될 수 있어서 연령 제한을 하는 거지요. 그런데 저는 오히려 아이들이 클래식 음악을 듣기 원해서 '전 연령 관람가'로 해요. 그러나 극장이나 지자체에서 전 연령 관람가는 힘들다기에 '3세부터'로 했어요. 제 공연에서 아기가 울면 그것도 웃음이 되고 감동이 될 수 있어요. 그래서 저는 계속 '전 연령 관람가'로 하고 싶습니다.

여러분, 이거 아세요? 제 공연에서는 박수를 마음껏 쳐도 된다는 사실을요.

♭ 클래식이 따분한 이유

클래식이 따분한 이유가 뭘까요? 곡에 제목이 없어요. 몇 번째 곡인지, 속도가 어떤지 등을 나열한 게 그냥 제목인 거예요. 예를 들어 〈캐논 변주곡〉이라고 하면 다들 와닿잖아요. 머릿속에 그려지잖아요. 하지만 원래 이 곡의 제목은 〈세 대의 바이올린과 통주저음을 위한 캐논과 지그, D장조〉예요. 이렇게 말하려면 힘들지요. 재미가 없어요. 그러니까 클래식이 따분한 거예요.

다른 곡을 예로 들어볼까요? 들으면 알 만한 곡인데 통화 연결음에 많이 쓰이는 곡이에요. 이 곡의 제목은 〈하이든 스트링 콰르텟 No.17 F장조 Op.3-5 '세레나데' 2악장, 안단테 칸타빌레〉예요. 어떤가요? 사람들이 좋아하려면 공감대가 있어야 하는데, 곡의 형식, 속도, 설명서가 제목이에요.

가사 없이 음악만 나오는 것도 클래식이 따분한 이유가 되겠지요. 예를 들어 "총 맞은 것처럼~" 하면 사랑에 실패한 뻥 뚫린 마음을 이야기하는 것 같아서 와닿고 내 얘기를 하는 것 같은데 클래식 곡들은 가사가 없다 보니 마음속에서 공감대를 끌어오기가 힘든 거예요. 하지만 멜로디를 알게 되면 재미있어요. "총 맞은 것처럼~"을 들으면 뒤의 가사가 쭉 생각나듯이 클래식 음악도 멜로디를 알고 있으면 참 재미있어요. 저는 클래식을 모르는 사람들한테 "한번 들어보세요" 하는 역할을 하고 싶어요.

베토벤의 9번 교향곡은 〈합창〉, 5번 교향곡은 〈운명〉이에요. 그런데 외국에 나가서 이런 제목을 말하면 아무도 못 알아듣습니다. 세계적으로 통하는 제목은 〈베토벤 심포니 No.5〉인 거죠. 그럼 왜 〈운명 교향곡〉, 〈합창 교향곡〉이라고 했을까요? 일본에서 붙인 제목이에요. 일본 영상을 보다 보면 지휘자가 나오고 곡 제목이 〈운명〉이라고 나옵니다. 그런데 〈베토벤 심포니 No.5〉는 잘 안 외워져도 〈운명 교향곡〉은 쉽게 외워지잖아요.

우리가 잘 알고 있는 베토벤의 〈월광〉도 원래 제목이 아니에요. 원래 제목은 〈베토벤 피아노 소나타 14번〉으로 〈월광〉이라는 제목은 베토벤이 의도한 것이 아니에요. 피아노 소나타는 피아노를 혼자 치는 곡이에요. 〈베토벤 피아노 소나타 8번 비창〉은 출판사에서 붙인 제목이에요. 〈베토벤의 피아노 소나타 14번〉 하면 잘 안 팔릴 것 같으니까 출판사에서 책을 더 잘 팔려고 〈월광 소나타〉, 〈비창 소나타〉 이렇게 붙인 거예요.

당시 시인이 '이 음악을 듣고 내가 스위스 루체른 호수에서 배를 탈 때 그 강물에 달빛이 이런 느낌이었어'라고 해서 〈월광〉이 된 거예요. 베토벤은 전혀 달빛과 상관없이 작곡을 했는데 후세에 의해서 마치 베토벤이 달을 보고 작곡한 것처럼 생각을 하는 거예요. 베토벤의 3대 소나타라고 해서 8번 〈비창〉, 14번 〈월광〉, 23번 〈열정〉 이러면 사람들이 어떻게 생각할까요? 〈열정〉이라는 음악을 들으면 열정처럼 들으려고 해요. 8번은 너무 슬프게 들으려고 하죠. 〈월광 소나타〉는 '달빛에 부딪혀 고즈넉했구나' 이런 편협된 사고방식으로 클래식 음악을 듣게 만들어요.

사실 그 당시 사람들처럼 아무 편견 없이 "이건 내가 여자친구네 집에 가서 설렐 때 느낌인데……", "비가 내리는 풍경이 생각나는데……." 이렇게 들을 수 있어요. 사람들은 마치 열정적으로, 비창하게 슬프게 들어야 한다고 생각하는데 그렇지 않아요. 〈베토벤 피아노 소나타 14번〉을 들은 시인이 달빛을 본 것 같다는 느낌을 적은 책이 먼저 나왔는데 그 후로 사람들은 달빛을 연상하는 곡으로 생각해요. 작곡가가 그렇게 생각하고 쓴 게 아닌데 말입니다.

드보르자크의 〈신세계 교향곡〉은 드보르자크가 붙여 작곡한거에요. 1892년부터 1895년까지 미국 뉴욕에서 국립음악원 원장으로 활동하면서 이 곡을 작곡하게 되었는데, '신세계로부터(From the New World)' 라는 미국 음악이 새롭게 나아갈 길을 의미하는 작품이라는 상징성을 담고 있는 곡이에요.

♭ 음악가의 별명

유명한 음악가들은 별명이 있어요. 별명이 없으면 유명하지 않은 작곡가라고 볼 수 있을 정도입니다. 바흐는 '음악의 아버지', 헨델은 '음악의 어머니', 모차르트는 '신동', 베토벤은 '악성', 음악 악(樂), 성인 성(聖)자로 공자, 맹자 같은 성인들하고 나란하다는 뜻이에요. '왈츠의 아버지'도 있고, '교향곡의 아버지'도 있지요.

하이든은 교향곡을 108개 작곡했기 때문에 '교향곡의 아버지'라 합니다. '음악의 어머니' 헨델의 초상화를 보면 어머니 같아 보이기도 해요. 헨델은 생전에 돈을 많이 벌었던 유명한 음악가였어요. 그리고 많은 것들을 후대에 남겼죠. 바로크 음악의 양대 산맥으로 바흐와 대비해 어머니로 불립니다. 이런 이름들은 어디에서 왔을까요? 이번에도 일본입니다. 작품 제목을 바꾼 것처럼 음악가들 별명도 지어줬어요.

'현마에'는 마에스트로의 '마에'를 따서 이름 붙인 거죠. 지휘자라고 이름 붙이려니 전공자한테 죄송한 마음이 들었어요. 클래식에서는 언제나 신인이라는 생각이 들어요. 클래식에서만큼은 겸손해집니다. 남이 칭해 줬을 때 지휘자가 되는 거죠. 지휘할 때만큼은 전공자들에게 누가 되지 않게 하려고 합니다. 아무리 재미있어도 개그맨 출신이 아닌 사람이 개그맨이라고 하면 개그맨들은 기분 나쁘거든요. 하지만 남이 저를 지휘자라고 불러준다면 감사하게 받고 싶습니다.

저는 지휘를 하면서 지금까지 지휘자라는 말을 쓰지 않았습니다. 사실 지휘자 선생님이라는 말을 듣고 싶을 때도 있습니다. 하지만 "지휘자라고 해 주세요"라고 말할 수는 없고 누가 해 주면 고마운 거죠. 그래서 '지휘 퍼포머'라고 낮춘 거예요. 지휘자로 불리고 싶습니다. 공연할 때는 지휘 퍼포먼스, 지휘 퍼포머라고 쓰는데 기쁘게 쓰는 이름은 아니에요. 클래식 지휘 퍼포머는 대한민국에도 그렇고 전 세계에서도 저밖에 없으니 쓸 필요 없는 말인 거죠. 10년 전에 시작할 때 "전공자가 아닙니다만 이런 일을 해서 조금 송구합니다" 하는 마음으로 저를 낮추려고 만든 표현이었어요. 하지만 지휘자로 불리고 싶은 마음은 있습니다. 제 입으로 직접 말할 수는 없어요. 아직은 아니에요.

저작권료를 많이 받는 작곡가 중에 음악을 전공한 사람보다 전공하지 않은 사람이 많을 정도이지요. 그림이나, 글이나, 가수나, 작곡이나 다른 분야에서는 전공자가 아니어도 "가수 ○○, 화가 ○○, 작가 ○○……." 다 이름을 불러주거든요. 그렇다면 지휘를 하고 있으니 지휘자가 맞는데 언젠가 '지휘 퍼포머'에서 '지휘자'로 불릴 수 있을 날을 기대합니다.

> "나의 이 빛깔과 향기에 알맞은 누가 나의 이름을 불러다오. 그에게로 가서 나도 그의 꽃이 되고 싶다."

김춘수 시인의 '꽃'이라는 시가 있죠. '지휘자'라는 단어는 늘 제게 김춘수 시인의 '꽃'이 떠오르게 합니다. 나의 이 빛깔과 향기에 알맞은 누가 나의 이름을 불러다오. 제게 그 이름은 지휘자겠지요. 지휘자라는 이름에는 그에 걸맞은 자격이 있지만 지휘 퍼포머에도 자격이 있는 거

아시나요? 첫째, 클래식을 좋아해야 한다. 둘째, 클래식을 전공하지 않아야 한다. 클래식을 전공하면 지휘자라고 하지, 지휘 퍼포머라고 할 수가 없죠. 셋째, 관객과 소통해야 한다! 한국 최초, 세계 유일의 지휘 퍼포머가 정한 조건입니다.

비전공자인 저는 처음에는 여러 단체에서 초청받아 지휘하는 행운을 얻으면서 지휘를 시작하게 됐습니다. 그러는 동안 늘 '특별 출연 김현철', '출연 개그맨 김현철', '지휘 퍼포머 김현철' 등으로 소개되었습니다. 사실 전공도 안 한 제가 지휘하게 된 것만으로도 너무 감사하죠. 그런 제게 처음으로 '객원지휘자'라는 타이틀을 붙여 주신 지휘자님이 계십니다. 지금까지 이렇게 지휘를 하는 데 있어 큰 힘을 주신 분입니다.

"지휘단에 서면 전공했든 안 했든 모두 지휘자입니다. 열심히 해 주십시오."

아직도 비전공자로서 넘어야 할 벽이 높지만 힘들고 어려울 때 그때의 말씀을 떠올리며 큰 용기와 힘을 얻습니다.

김현철만큼 알면 되는 클래식 역사

교향곡이 지금도 나오는지 궁금하지 않나요? 요즘도 만드는 사람이 있습니다. 교향곡(Symphony)은 18세기 후반(고전주의)부터 19세기까지 가장 중요한 클래식 음악 형식으로 자리잡았습니다. 한 때 이런 춤, 저런 춤이 유행하듯이 그 당시에는 교향곡이 유행했던 시대인 거죠. 교향곡이 가장 활발하게 작곡된 시대는 지났지만, 여전히 많은 명곡들이 현재까지 사랑받고 있습니다. 이후 작곡되는 교향곡은 기존의 유명한 작품들을 뛰어넘기는 어렵고, 관객들의 관심사나 반응이 적어 연주기회가 줄어들면서 자연스럽게 작곡 되어지는 곡이 많지 않은 것이 현실이겠지요.

클래식 음악의 역사를 알려면 중세 시대로 거슬러 올라가야 합니다. 그전까지 악보와 가사가 전해지지 않은 시기의 음악은 알기 어렵죠. 미술, 문학과 음악의 다른 점이에요. 녹음 기술이 발명되기 전까지 한 번 연주되면 다시 들을 수 없었으니까요. 중세시대까지는 교회의 힘이 강했던 시기라 종교 음악이 주를 이뤘어요. 특히 중세시대(5~15세기)에 주로 사용된 〈그레고리오 성가〉는 교회에서 부르는 찬송가로, 단선율이라고 해서 하나의 선율만이 존재하며, 그 선율에 다른 음들이 동반되지 않는 형태입니다. 성직자들이 신에게 기도하는 음악으로, 특별한 악기나 반주 없이 인간의 목소리만을 사용했으며 이 시기의 음악은 악보가 없었기 때문에 구술로 전해졌고, 음악을 기록하는 방법이 없어서 사람들이 음악을 기억하며 부른거죠. 그러나 시간이 지나면서, 음악을 정확히 기록할 필요가 생겼습니다. 9세기쯤 부터 '오르가눔'이라는 방식이 등장했어요. 이건 그레고리오 성가에 다른 선율을 추가해서 더 풍부한 소리를 만들기 시작한거죠. 처음엔 선율이 아주 간단하게 추가되었지만, 점차 복잡해지고 다양해졌습니다.

드디어 11세기에는 기보법(악보를 기록하는 방법)이 등장했습니다. 이 방법을 만든 '귀도 다레초'라는 인물이 네 줄의 오선보와 음계를 구분하는 '계명창(도레미파)'을 만들었어요. 이렇게 해서 처음으로 음악을 정확하게 기록하고 전해줄 수 있게 되었죠. 15~16세기 르네상스 시대에는 인쇄술의 발명으로 악보가 널리 보급돼요. 르네상스 시기가 끝나고 1600~1750년까지 바로크 시대라고 합니다. 음악과 연극을 결합한 오페라가 큰 인기를 끌었어요. 음악이 전보다 훨씬 화려해졌죠. 짧았던 바로크 시대의 대표적인 음악가는 바흐, 비발디, 헨델이 있어요.

바흐는 1685년에 태어났고 비발디는 1678년에 태어났어요. 비발디는 바흐보다 더 나이가 많았어요. 그런데 왜 나이가 어린 바흐가 음악의 아버지가 됐을까요. 바흐 이전에 있던 사람들은 음의 간격이 다 달라 음가가 조금씩 달랐어요. 정확한 평균 음을 내줄 악기가 없었고 파이프오르간으로 연주했어요. 그런데 바흐가 〈평균율 클라비어 곡집〉이라고 해서 48개의 곡을 만들어요. 도레미파솔라시도 8개 음에 반음까지 넣어서 장조 단조 24개씩 48개의 평균적인 클라비어 곡집을 만들어요. 쉽게 말해서 바흐가 피아노가 나오기 전에 클라비어라는 악기로 평균을 낸 것이죠. 음의 평균을 '이 정도가 도입니다', '이 정도가 레입니다' 이걸 바흐가 했기 때문에 음악의 아버지라고 해요.

바로크 시대 전까지 기악은 성악을 따라 연주할 뿐이었는데 바로크 시대에 들어서면서 기악곡이 연주되기 시작해요. 이때 오페라의 서곡이 탄생하지요. 오페라의 서곡은 오페라 도입에 들어가는 관현악곡을 말하는데, 오페라의 전반적 배경과 내용을 암시하는 역할을 해요. 지금 우리가 알고 있는 오케스트라가 시작된 거죠. 제 공연에서도 많이 들을 수 있는 곡들이에요.

1750년 바흐의 죽음으로 바로크 시대가 끝나고 고전 시대가 시작됩니다. 천재 음악가들의 대활약으로 음악 양식들을 한방에 정리합니다. 고전 시대 음악은 단순 명료하고 안정돼 있지요. 누구에게나 공통되고 누구든 자유롭게 누릴 수 있는 보편적인 음악이 고전 시대 음악입니다. 클래식 음악이라는 이름도 고전 음악(CLASSICAL MUSIC)에서 유래된 거예요. 고전주의 음악은 정해진 규범과 체계를 따른다는 특징이 있지요.

이 시대에 와서 음악이 체계화됩니다. 고전 시대를 대표하는 작곡가는 하이든, 모차르트, 베토벤이 있어요.

고전주의는 틀을 지킨 것이에요. 우리가 잘 알고 있는 소나타 형식이라는 게 거기서 나오는 겁니다. 작곡을 할 때는 기승전결이 있어야 하는데 정확하게 그 규칙을 지킨 거예요. 그래서 고전주의 음악이 태교에 좋아요. 소설로 치면 발단, 전개, 위기, 절정, 결말이 있는데 음악도 그런 식이에요. 제시부, 전개부, 재현부 이런 형식을 지킨 거예요. 예를 들어 시조로 말하면 형식이 딱 정해져 있는 시조에서 종장은 3543으로 끝나야 하는 것과 같지요. '어즈버 태평연월이 꿈이런가 하노라' 처음 시작은 3글자, 다음에는 5글자, 4글자, 3글자가 와야 하는 거죠. 교향곡을 작곡할 때도 1악장부터 4악장까지의 구성인 곡 이 있다면 빠른 악장 다음에 느린 악장이 오고, 그 다음에 춤곡 형식의 빠른 악장이, 마지막 4악장에는 매우 빠르게 연주하는 식의 규칙이 있는거에요.

이런 틀이 낭만주의로 가면서부터 조금씩 깨집니다. 작가가 느끼는 감정에 따라서 자유로워지기 시작한 거예요. 쉽게 말해서 로맨틱한 거죠. 1810년대 이후 고전주의 시대가 끝나고 낭만주의 시대가 시작됩니다. 이 시대에는 피아노와 바이올린 독주가 큰 인기를 끕니다. '낭만' 하면 뭐가 떠오르나요? 낭만적인 피아노 연주를 떠올려 보세요. 그게 낭만주의 음악입니다.

후기 낭만주의로 가면서 점점 작곡가의 생각이 많아지는 거예요. 그런데 어떤 사람들은 다시 고전주의로 가자고 생각했어요. 신고전주의라고 해요. 브람스는 후기 낭만주의 사람인데 자기는 베토벤의 체계를 이어받겠다고 한 거예요.

전 세계적으로 배도 타 보고 외국에 다니다 보니까 '얘네들이 우리보다 잘 사네', '저기는 땅이 더 크네', '저쪽은 유명한 사람들이 많네' 이러면서 자기네 민족이 세다는 걸 과시하게 돼요. 그러면서 음악 사조가 하나 생깁니다. 바로 민족주의 음악이에요. '우리 민족이 세다' 이거예요. 쉽게 말해서 변방의 음악 헝가리, 러시아, 노르웨이 등 여러 나라에서 민족주의 음악이 생겨요. 민족주의 음악가는 누가 있을까요? 대표적인 사람이 러시아의 차이콥스키예요. 그 후 미술에서 입체파가 나오듯이 음악에서도 그런 음악이 나와요. 음악에서도 불협화음을 일부러 만드는 거예요. 그러면서 '난해하다', '복잡하다' 하게 된 거죠.

김현철이 들려주는 클래식 거장들의 맛있는 이야기

EPISODE 1 바흐&커피: "커피 없이는 못 살아!"

요한 세바스티안 바흐 (Johann Sebastian Bach, 1685~1750)

바흐는 커피를 너무너무 사랑했어요. 얼마나 사랑했냐고요? 〈커피 칸타타 BWV 211〉이라는 곡까지 만들었어요! 18세기 초반 유럽에서는 커피가 유행하면서 카페 문화가 발달했어요. 하지만 커피는 건강에 해롭다거나 여성들이 마시면 안 된다는 인식도 있었죠. 당시 일부 보수적인 부모들은 젊은 여성들이 커피를 마시는 것을 못마땅하게 여겼어요.
바흐가 살았던 독일 라이프치히에서도 커피가 인기였고, 바흐는 이 도시의 유명한 치머만 커피하우스(Zimmermann's Coffee House)에서 공연을 자주 열었어요. 이곳은 단순한 카페가 아니라 음악 공연과 커피를 함께 즐기는 문화 공간이었죠.
바흐는 이러한 커피 열풍을 반영해 〈커피 칸타타〉라는 유쾌한 희극 칸타타(Comic Cantata) 를 작곡했어요. 이 곡 내용이 뭐냐면, 커피에 중독된 딸과 커피를 못 마시게 하는 아버지의 대결을 그린 코믹 오페라예요. 근데 사실 이거 바흐 본인 얘기 아닐까요? 바흐도 하루에 커피를 수십 잔 마셨대요. 그때 당시 커피가 건강에 안 좋다는 말이 많았는데, 바흐는 그런 거 신경 안 쓰고 카페에서 커피 마시며 작곡을 했대요. 바흐가 카페에서 커피 한잔하면서 〈커피 칸타타〉를 연주하고 있는 모습이 상상되지 않나요?

MENU

2부.
메인 요리

"음악은 내 영혼을 위로한다."

루트비히 판 베토벤(Ludwig van Beethoven)

교향곡의 아버지,
하이든

음악가 중에는 불행한 말년을 보낸 경우가 많지만, 최고의 음악가로 존경받으며 건강하게 장수한 경우도 적지 않아요. 바흐, 리스트, 베르디 같은 음악가들은 행복한 삶을 살았고 하이든도 그런 경우입니다. 하이든은 77세까지 장수했는데 말년엔 유럽 최고의 작곡가로 추앙받으며 유럽 전역에서 작품을 출판하고, 오스트리아 빈에 살면서 영국 런던에 연주 여행을 여러 차례 다녀올 정도로 높은 인기를 누렸죠.

하이든은 이외에도 68개의 현악 4중주, 26개의 오페라와 셀 수 없이 많은 협주곡, 세레나데, 바리톤 트리오 등을 남겼습니다. 그가 이렇게 많은 곡을 남긴 이유는 뭘까요? 하이든은 29세에 헝가리의 귀족 에스테르하지 가문의 전속 음악가로 채용됩니다. 당시 전속 음악가는 하인과 같았어요. 실제로 하이든은 유니폼을 입고 근무했고 공작의 요구에 따라 작품을 써야 할 의무가 있었죠. 평생 성실하게 일한 공무원을 떠올려 보세요. 그게 하이든입니다. 하이든은 평생 108개의 교향곡을 남겼어요. 모차르트가 41곡, 베토벤이 9곡의 교향곡을 남긴 걸 보면 하이든이 얼마나 열심히 교향곡을 썼는지 알 수 있죠. 하이든을 교향곡의 아버지라고 하는 건 교향곡을 많이 남겨서만은 아니에요.

교향곡은 오케스트라를 위한 소나타 작품으로 이탈리아 오페라의 서곡에서 출발한 음악 형식입니다. 서곡은 오페라에서 성악가들이 무대 위에 등장하기 전 오케스트라가 연주하는 음악을 말해요. 극을 시작하기 전 오페라의 줄거리와 분위기를 암시하는 역할을 했던 서곡이 발전해 교향곡이 된 거죠. 하이든은 이전까지 명확하지 않았던 교향곡 형식과 악장 개수, 각 악장의 형식 등에 대한 기준을 세웠어요. 예를 들어 1악장은 빠른 소나타 형식, 2악장은 느리게, 3악장은 빠른 춤곡 형식, 4악장은 매우 빠른 론도·소나타 형식으로 정리한 거죠. 하이든이 확립한 교향곡 형식을 토대로 후대 작곡가들은 교향곡 양식을 발전시켜 나갔어요.

에스테르하지 가문은 음악을 사랑해서 가문의 영지에는 오페라 극장, 음악 홀 등이 여럿 있었고 거의 매일 크고 작은 음악회가 열렸어요. 매주 열리는 정기적인 오페라 공연과 음악회뿐 아니라 귀빈들이 방문할 때마다 특별 연주회가 열렸지요. 하이든은 에스테르하지 공작들의 요구에 따라 수많은 음악회에 올릴 작품을 쉴 새 없이 만들어야 했어요. 그는 매일매일 작품을 써야 하는 작곡 노예이고 작곡은 노동이었던 거죠. 본인 작품을 복제한 작품들이 많을 수밖에 없겠지요. 하이든 작품이 비슷하게 들린다면 이런 이유에서입니다.

하이든을 '교향곡의 아버지'라고 하죠. 하이든이 작곡한 교향곡은 108개인데 공식적으로 인정된 교향곡은 104곡 입니다. 수많은 작품을 썼다보니 일부 초기작품이 사라졌다는 이야기가 전해지기도 해요. 그런데 104개 중에서 비슷한 게 얼마나 많았겠어요. 자기 걸 자기가 갖다 베끼는 거죠. 왜 그랬느냐면 귀족한테 종속이 되어 있었으니까요. 쉽게 말해서 사장님이 직원한테 책 빨리 내라고 하면 빨리 만들어야 되는 식인 거죠. 이렇게 갖다 쓰고 갖다 쓰고 하니까 104개인데 규모가 크지 않았어요. 음식에 비유하면 곰탕처럼 우려먹고 또 우려먹고 한 셈이지요.

모차르트도 교향곡이 41번까지 있어요. 모차르트까지만 해도 교향곡이 그렇게 길지 않았어요. 베토벤부터 진정한 교향곡이라 할 수 있는 복잡한 구조를 만든 거예요. 심혈을 기울인 거죠. 교향곡 하나가 40분이 넘어가요. 우리가 잘 알고 있는 5번 교향곡은 한 악장이 10분, 12분, 짧은 게 7분, 8분 이렇습니다.

하지만 작곡가들이 후원자를 찾기 위해 애쓰고 후원자를 찾지 못하면 생활고에 시달리는 현실에서 하이든은 최고의 환경에서 음악 활동을 한 셈이에요. 대신 하이든은 환갑이 되어서야 에스테르하지 영지를 떠나 런던으로 연주 여행을 떠날 수 있었어요.

천재들이 많은 음악계에서 하이든은 대기만성형, 노력형 작곡가였어요. 그의 주요 작품은 마흔이 넘어서야 본격적으로 탄생합니다. 국제적인 명성을 얻기 시작한 것은 쉰이 넘어서였어요. 평소의 하이든은 유머 있는 밝은 성격이었습니다. 작품에서도 그의 성격을 엿볼 수 있는데요. 말년에 영국에서 활동하며 하이든의 작품은 큰 인기를 끌게 됩니다. 평생 에스테르하지 궁전 내에서 소규모 청중들을 위한 음악을 작곡하던 하이든은 런던에서 대규모 청중이 모인 연주 홀에서 작품을 연주하게 됩니다. 그런데 꽤 많은 청중이 졸고 있는 걸 발견하지요.

〈놀람 교향곡〉은 그런 청중을 위한 재미있는 곡입니다. 〈놀람 교향곡〉은 잔잔하고 부드럽게 연주하다가 갑자기 모든 악기가 엄청나게 큰 소리로 연주합니다. 조용한 음악을 들으며 졸던 청중들은 모두 깜짝 놀라 깨지요. 하이든의 기발한 아이디어는 대성공을 거두고 당시 청중들은 이 곡을 매우 좋아했다고 합니다. 당시 클래식 공연장을 찾는 것은 귀족들 사이에서 그들의 가치를 높이는 일이었지요. 그러나 지금이나 그때나 지겹고 졸린 사람들은 있기 마련이에요. 음악회에서 꾸벅꾸벅 조는 귀족 부인들을 보고 이 곡을 작곡했지요. 소심한 복수와 유머가 있는 하이든의 장난기가 발휘된 곡이에요.

반대로 〈하이든 교향곡 45번 고별 4악장〉은 끝부분에서 단원들이 한 명씩 자리를 뜨는 퍼포먼스를 합니다. 악기 수가 하나씩 줄어들어 음악도 저절로 작아지면서 끝이 나지요. 하이든을 고용했던 니콜라우스 공작은 헝가리 시골에 에스테르하지 궁전을 짓고 여름에만 있으려다가 가을이 지나도록 머물게 됩니다. 가족과 멀리 떨어져 예상했던 것보다 훨씬 오래 있게 되자 단원들은 가족에게 돌아가고 싶어졌어요. 하이든은 음악을 통해 그런 단원들의 마음을 전달합니다. 마지막 악장에서 느리게 연주하며 연주자들은 자신이 맡은 파트가 끝나면 자리에서 일어나 조용히 퇴장하는 거예요. 그렇게 마지막 악기까지 퇴장하면 곡이 끝납니다. 에스테르하지 공작은 단원들의 마음을 알고 집으로 가는 것을 허락합니다.

'희극인으로서 사람들을 웃기고 즐거움을 선사했던 내가 음악을 통해서 사람들에게 어떻게 즐거움을 선사해 줄 수 있을까'를 고민하게 됩니다. 클래식이라고 하면 '어렵고 고리타분하다', '들으면 좋은 건 알겠는데 쉽게 접근하기 어렵다'라는 생각을 하는 사람들에게 웃음과 감동이 있는 클래식 이야기를 전달하고 싶습니다. 모르는 곡은 지루하고 따분하지요. 클래식에 대해 알게 되면 재미있습니다. 그걸 위해서 최선을 다하고 있어요. 앞으로도 사람들과 소통하면서 클래식을 알려줄 수 있는 역할을 꾸준히 하고 싶습니다. 클래식을 전도하고 싶습니다.

공연이 끝나면 여러 얘기를 듣게 됩니다.

"김현철 공연 가서 들어봤더니 너무 좋더라."

"클래식에 대해서 김현철 진짜 찐이었네."

"김현철의 재발견이다."

한 공연장에서 공연이 끝나고 한 여성 관객과 이야기하게 됐어요.

"60년 가까이 사는 동안 처음으로 클래식을 들었다. 클래식 곡을 처음부터 끝까지 들은 건 처음이었다. 지금까지 제대로 들은 적이 없는데, 이 공연에서 클래식을 처음 들었다. 그런데 클래식이 이렇게 유익하고 재미난 줄 몰랐다. 그리고 마지막에 당신이 최고다. 김현철이란 사람이 이런 사람인 줄 몰랐는데 대단하다."

물론 이런 말들은 듣기 좋고 기분 좋아요. 그런데 가장 의미 있는 말은 "당신 덕분에 내가 지금도 클래식을 듣고 있어요"예요. 이 얘기가 전 너무나 듣기 좋았습니다.

"지금도 클래식 찾아서 듣고 있어요. 누구 덕분에?"

"김현철 씨 덕분에요."

김현철의 유쾌한 오케스트라 공연, SBS 〈미운우리새끼〉 방송분

200년 후 유행한 음악가,
바흐

영화《아마데우스》를 보면 모차르트와 살리에리의 관계가 잘 그려져 있습니다. 당시에는 살리에리가 더 유명했어요. 지금은 잘 모르지만요. 바흐는 당시 사람들이 잘 몰랐어요. 지금은 음악의 아버지이지만 당시에는 바흐가 누군지도 몰랐지요. 그럼 누구 때문에 알려진 걸까요? 바로 멘델스존이에요.

19세기 사람인 멘델스존은 어릴 적 17세기 바로크 음악에 완전히 빠져 있었어요. 18세기 고전주의 음악가인 모차르트, 하이든을 존경했지요. 리스트, 쇼팽과 파리에서 친구처럼 지냈지만 낭만주의 음악에는 동의하지 않았어요. 바흐 사후 약 80년이 흐른 1829년, 〈마태 수난곡〉을 복원하여 바흐의 음악을 다시 세상에 널리 알리게 해 주었어요. 멘델스존이 마태 수난곡을 복원하고 연주한 사건은 음악사적으로 매우 중요한 사건 중 하나예요. 이로써 바흐는 음악계에서 완벽하게 부활하게 되었고 멘델스존의 위대한 업적 중 하나로 평가받고 있어요.

당시에도 바흐는 잊힌 음악가가 아니었어요. 하지만 낭만주의 시대 전까지는 과거의 음악을 거의 연주하지 않아서 과거의 곡들은 작곡가가 죽고 연주되지 않으면서 잊히는 식이었어요. 낭만주의 시대에 들어와서 과거의 음악을 연주하기 시작해요. 멘델스존은 바흐의 곡을 연주해 바흐를 대중에게 알린 거죠.

바흐 가문에서 배출된 음악가가 50명 이상인데 바흐는 당대 가장 별 볼 일 없던 음악가에 가까웠어요. 바흐는 평신도였지만 신앙심이 매우 깊었어요. 바흐는 교회를 위해 수백 곡이 넘는 칸타타를 작곡했어요. 매주 한 곡씩 썼을 정도입니다. 하지만 당시 교회 음악은 엄숙하고 경건한 분위기였는데 바흐의 곡은 그렇지 않아서 교회에서는 별로 좋아하지 않았다고 해요. 대중에게도, 교회에서도 환영받지 못한 거지요.

당시에는 오페라가 크게 유행했기 때문에 오페라를 해야만 돈을 많이 벌 수 있었어요. 하지만 바흐는 오페라를 단 한 곡도 작곡하지 않았어요. 바흐는 개그맨으로 치면 유행하는 예능 프로그램을 안 한 거예요. 대신 아무도 보지 않는 콩트를 하고 있는 거죠. 당시에는 오페라가 예능 프로그램이었던 거예요. 그러니까 약 200년 동안 무명이었다가 200년 후에나 알려진 거죠. 멘델스존이 바흐의 곡을 연주했거든요. 그 전에는 바흐 곡을 연주도 안 하다가 멘델스존이 〈마태 수난곡〉을 복원하면서 바흐 열풍을 일으키지요.

제가 인기를 얻은 건 어눌한 말투를 살린 캐릭터 덕분이에요. 개그맨인데 말을 더듬는다? 독보적인 캐릭터였죠. 2000년대 중후반 예능 프로그램에서 활약하면서 인기를 얻게 됩니다. 개그맨들 사이에선 열 유행어보다 센 캐릭터가 낫다는 말이 있어요. 좀처럼 주목받기 쉽지 않은 연예계에서 기회가 왔을 때 최대한 어필하는 것이 관건이에요. 한정된 시간 안에 모든 것을 보여주려다 보니 조금 더듬는 경향이 있는데, 오히려 더듬더듬하는 그 말투를 살린 코너를 하는 거죠.

《1분 논평》이라는 코너가 말 더듬는 캐릭터를 살린 코너였는데 파일럿 프로그램 당시 30초로 시작했어요. 코너가 시작하고 나서 거의 몇 마디 못 하고 끝이 나는 내용이었죠. 뜨거운 반응에 힘입어 1분으로 연장했어요. 양복 입고 "1분 논평입니다" 하며 날카로운 해설을 할 줄 알았는데 말도 더듬고 어설픈 거죠. 예를 들어 우리나라 내년 예산이 십, 백, 천, 만……. 숫자만 헤아리다가 1분이 종료돼요. 어눌한 캐릭터를 살린 반전 개그였어요. 직접 구상한 아이디어로 만든 코너였죠.

요즘 쇼츠가 유행하면서 《1분 논평》이 쇼츠의 원조, 시대를 앞서간 개그로 알려지며 다시 주목받게 됐어요. '쇼츠의 황제가 돌아왔다' 이런 거죠. 1분을 웃기려고 일주일을 고생했던 그 시간이 생각나네요. 지휘와 개그는 전혀 달라 보이지만 참 많이 닮아 있기도 합니다. 개그에서는 어눌하지만, 지휘는 어눌하지 않습니다. 1분을 공연하기 위해 일주일을 고민하듯이 한 곡을 연주하기 위해 수많은 시간을 연습해야 합니다. 제게 지휘는 직업인데 아마추어일 수는 없죠. 그게 직업윤리인 거니까요.

바흐는 사랑꾼으로 유명합니다. 첫 번째 부인 마리아와의 사이에서 아들 다섯, 딸 두 명을 두었어요. 하지만 첫 번째 부인은 병으로 죽었고, 두 번째 부인 안나와는 아들 여섯, 딸 일곱을 두었습니다. 합하면 자녀가 20명이에요. 음악의 아버지라 할 만한가요? 바흐는 아내와 사이가 좋았어요. 바흐는 아내를 위해 두 권의 작품집을 냈는데 두 번째로 작곡한 작품집이 〈안나 막달레나 바흐를 위한 클리비어 소곡집〉이에요. 〈미뉴에트 G장조〉가 유명하지요. 바흐는 아들바보, 딸바보로도 유명했어요. 정기적으로 가정 음악회를 열어 함께 음악을 했으니 정말 가정적인 아버지였나 봅니다. 교육열이 높았는데 바흐의 자식들 중에는 뛰어난 음악가가 3명이나 나왔으니 교육을 열심히 시킨 보람이 있었을 것 같네요.

하지만 바흐는 집안의 명성에 비해 부유하지 않았어요. 바흐는 평생 가족들을 먹여 살리느라 늘 쪼들리는 생활을 했습니다. 자녀가 20명이나 되니 가장으로서 얼마나 어깨가 무거웠을지 알 수 있을 것 같네요. 생전에 명예와 부를 누렸던 헨델과는 비교되는 삶이지요.

바흐는 1749년에 시력이 크게 나빠지고 존 테일러라는 돌팔이 안과 의사에게 백내장 수술을 두 번 받으면서 증세가 더욱 악화되었어요. 결국 수술로 인한 합병증으로 죽게 됩니다. 그런데 헨델도 말년에 눈이 안 보였어요. 그리고 헨델은 바흐가 죽고 9년 후에 죽게 되지요. 여기서 정말 기막힌 우연이 있습니다. 바흐와 헨델은 동갑에, 같은 독일 사람이지만 한 번도 만난 적이 없었어요. 그런데 헨델이 치료받은 의사가 바흐를 치료했던 의사였어요. 돌팔이 안과 의사 말이에요. 정말 기막히지요? 음악계의 거장을 둘이나 죽음에 이르게 한 의사라니. 존 테일러는 이런 일로 역사에 남게 될 줄 꿈에도 몰랐을 거예요.

바로크 시대에 음악은 있는 집 사람들만 누릴 수 있는 문화였어요. 하지만 음악가는 먹고살기 힘든 게 현실이었습니다. 당시 음악가들은 궁정, 교회, 상류층의 요구에 따라 그들을 위한 음악을 만드는 고용인이었어요. 바흐는 교회를 위한 곡을 꾸준히 써야 했어요. 작품 의뢰 요청에 따라 빠르게 작업해야 해서 바흐는 1,200곡이나 작곡했지요. 덕분에 후대에 많은 작품을 남길 수 있었어요.

바흐를 왜 '음악의 아버지'라고 할까요? 바흐는 대위법이라는 기법을 아주 잘 사용했어요. 대위법은 여러 개의 독립적인 멜로디를 동시에 결합하는 방법인데, 바흐는 이를 매우 복잡하고 아름답게 만들어서 음악을 더 풍부하고 세밀하게 만들었어요. 예를들어 '푸가(Fuga)' 라는 형태의 음악에서 그 기술을 잘 보여주었죠. 전 세계 작곡과 학생은 대위법, 푸가 등을 필수로 이수해야 합니다. 평균율은 근사한 음정을 평균해서 실용적으로 간편화한 음률입니다. 어렵지요? 쉽게 설명하자면 12개의 조로 정리, 장조와 단조 24개 조로 구분한 것입니다.

바흐는 음악을 체계화시키고 정리했어요. 중세의 정립되지 않은 음악을 오늘날의 음악으로 체계화했습니다. 칸타타, 협주곡 등 다양한 음악의 형식을 정립했어요. 이전 음악과는 차원이 다른 깊은 감정을 표현합니다. 그전까지는 작곡가마다 음이 달랐어요. 피아노가 나오기 전이고 악기가 정확하게 도레미파솔라시도를 치는 시대가 아니었지요. 바흐는 24개 장단조 48개를 만들고 피아노의 교본을 정리합니다. 음악의 중요한 체계를 정리해서 음악의 아버지라고 부르죠.

바흐는 전통적인 음악을 완성했고, 바로크 시대를 대표하는 음악가였어요. 바흐 이후 바로크 시대는 끝이 납니다. 바흐는 모차르트, 베토벤과 함께 인류 역사상 가장 위대한 음악가입니다.

음악의 어머니,
헨델

헨델은 '음악의 어머니'예요. 그래서 헨델이 여자인 줄 아는 사람도 있어요. 헨델은 어머니지만 남자입니다. 1685년생으로 음악의 아버지 바흐랑 동갑입니다. 헨델이 빠른 85인 셈이죠. 헨델은 바로크 후기의 가장 중요한 음악가 중 한 명이에요. 바흐와 함께 바로크 음악의 양대 산맥인 거지요.

헨델은 영국에서도 영웅이고 독일에서도 영웅이에요. 독일에서 태어나서 영국으로 귀화했습니다. 영국 사람이니까 영어 이름이 있겠지요? 영국 이름은 '조지 프레데릭 헨델', 독일 이름은 '게오르그 프리드리히 헨델'입니다. 당시 바흐는 무명 음악가여서 사람들이 모를 때예요. 그러던 1710년, 독일 하노버 왕국의 왕실 악장으로 고용됐어요. 하지만 헨델은 더 많은 기회를 위해 대도시 런던으로 떠나요. 1710년에 헨델은 《리날도》 공연을 위해 영국으로 갔다가 영국에서의 열광적인 반응과 환대에 감격해 런던에 정착해요.

영국 사람들은 클래식을 정말 좋아합니다. 또 영국은 역사와 전통을 자랑하는 나라잖아요. 독일도 물론 클래식을 좋아하지요. 그런데 영국에는 내로라하는 작곡가가 별로 없어요. 독일은 어떤가요? 베토벤부터 쟁쟁한 작곡가들은 거의 독일 사람이에요. 서양 음악을 좌지우지하는 건 독일과 이탈리아라고 할 정도니까요.

영국에서 헨델의 인기가 높아지면서 영국이 헨델을 적극적으로 후원했어요. 그러자 헨델은 영국으로 가 이름을 바꾼 거지요. 독일에서 '우리의 헨델' 하는데, 영국에서도 '우리의 헨델' 하는 겁니다. 영국은 헨델이 영국 사람이라고 자꾸 안을 수밖에 없는 거예요.

〈수상 음악〉에 얽힌 재미있는 이야기가 있어요. 대표적으로 〈알라 혼파이프〉라는 곡이 있는데 수상(물 위)에서 연주하는 곡이에요. 헨델의 원래 이름은 '게오그르 프리드리히 헨델'이에요. 독일 하노버 공국, 즉 공작이 다스리는 나라의 하노버 귀족 밑에서 음악을 했어요. 맨날 똑같아서 재미가 없으니까 휴가를 내고 영국에 갔어요. 당시 영국은 앤 여왕이 다스릴 때였어요. 영국 사람들은 클래식을 좋아하는데 유명한 작곡가가 없으니 헨델의 곡을 듣고 영국에서 난리가 난 거예요. VIP 대접을 해준 거죠. 이제 하노버로 돌아가야 되는데 헨델이 "나 안 가. 그냥 여기서 살래" 한 거예요. 휴가 끝나서 제후가 오라고 난리 치는데 안 간 거죠. 영국에서는 "헨델! 헨델!" 난리가 난 거예요. 슈퍼스타가 된 거지요. 그래서 헨델이 귀화를 하고 이름을 영어식으로 '조지 프레데릭 헨델'로 바꿨어요.

헨델이 영국에서 음악 하면서 돈도 많이 받고 있는데 아이러니하게 하노버 제후로 있던 사람이 서열에 의해서 앤 여왕이 사망한 후에 영국 국왕으로 오게 되었어요. 예를 들어 한 개그맨이 “내가 싫어하는 PD 방송은 안 해” 하고 다른 프로그램에서 일하는데 그 PD가 이 방송으로 온 셈이지요. 난리가 난 거죠. 헨델은 ‘이제 내 목 날아가겠다’는 생각이 든 거예요. 새로운 PD가 와서 야외 촬영을 가자고 하니까 후배들과 새로운 개그를 짜서 보여주려고 한 거예요. 왕이 뱃놀이하고 회 좀 썰어 먹고 있는데 헨델이 배에다가 오케스트라를 싣고 계속 연주하면서 따라갔던 거죠. 그때 나온 음악이 헨델의 수상 음악이에요. 그러자 왕은 ‘아, 저 사람 참’ 하면서 헨델을 따뜻하게 안아줬다는 훈훈한 마무리입니다. 아직도 독일 사람들은 ‘헨델은 독일 사람이다’, 영국 사람들은 ‘헨델은 영국 사람이다’ 주장합니다. 독일에서 유명한 작곡가가 누굽니까 하면 ‘헨델’, 영국에서도 유명한 작곡가가 누굽니까 하면 ‘헨델’ 이런 거죠. 헨델은 독일 태생 영국 사람입니다.

b 〈파리넬리〉 카스트라토

헨델은 40편이 넘는 오페라를 작곡했는데 그중 가장 유명한 작품은 《리날도》입니다. 오페라 제목은 거의 다 사람 이름으로 붙여요. 오페라 《리날도》는 리날도 장군 이야기입니다. 십자군 전쟁 때 일이지요. 11세기 말에서 13세기 말까지 유럽의 기독교 국가들이 팔레스티나와 예루살렘을 이슬람교도로부터 탈환하기 위해 벌어진 전쟁이에요. 전쟁에

참가한 기사들이 가슴과 어깨에 십자가 표시를 해서 십자군이라고 불렀어요. 기독교도와 이슬람교도의 종교전쟁인 거예요.

십자군 전쟁은 1차, 2차, 3차…… 10차도 더 넘는 오랜 기간 이어졌어요. 하지만 십자군은 1차 전쟁에서만 이기고 나머지 전쟁은 모두 이슬람한테 졌어요. 이 십자군 전쟁 때 리날도 장군의 연인 알미레나가 납치되고 리날도가 마법의 성에 갇힌 알미레나를 구하러 가는 이야기입니다. 너무 서정적이고 아름다운 내용이지요. 《리날도》에서 전쟁은 십자군의 승리로 끝나요.

〈울게 하소서〉는 1711년 헨델의 오페라 《리날도》의 2막 중에 적군의 여왕 아르미다에게 잡혀 성 안에 갇힌 알미레나가 부르는 아리아입니다. 이 아리아는 영화 《파리넬리(1994)》에 나와서 유명해졌지요. 영화는 카스트라토인 파리넬리가 수많은 관객 앞에서 〈울게 하소서〉를 부르는 장면으로 시작됩니다. 한 번쯤 들어보셨을 겁니다. "라샤 키오 피앙가~"라는 가사로 시작해요. 파리넬리는 18세기 유럽의 카스트라토 성악가입니다. 전설의 카스트라토, 카를로 브로스키의 일생을 그린 영화예요.

헨델이 활동했던 시기는 바로크 시대입니다. 헨델이 1685년생이고 1700년대 초반에 왕성하게 활동했는데 그 당시 이야기예요. 당시에 오페라에는 여자가 무대에 설 수 없었어요. 그럼 여자 주인공은 누가 했을까요? 남자는 고음을 낼 수 없는데 여자 역할을 남자가 해야 했던 거예요. 그래서 여성의 목소리를 대신하는 카스트라토의 인기가 높았습니다. 오페라가 유행했던 당시 아리아가 큰 인기를 끌었어요. 아리아 비중이 높아지면서 아리아를 부를 카스트라토를 찾는 사람들이 많았지요.

그러니 남자아이 중에 사춘기가 오기 전 거세를 시켜 여자 목소리를 내게 한 거죠. 사춘기가 되면 변성기를 맞아 목소리가 굵고 낮아지니까 그전에 고환을 묶거나 제거하는 거예요. 남성 호르몬이 분비되지 않아 변성기가 오지 않고 남성이지만 높고 얇은 목소리를 갖게 돼요. 조선시대 먹고 살기 힘든 집에서 애들을 왕궁으로 보내 거세시키고 환관을 시켰던 것처럼 말이에요. 유럽에도 그런 역사가 있었던 거예요. 당시에 노래 좀 한다는 남자애들을 거세시켜서 가수 학원으로 보내는 거예요. 카스트라토 양성학교가 있었다고 하니 지금의 아이돌과 비슷해 보이지 않나요? 거기에서 살아남는 애들이 연예인이 되는 거지요. 그중 한 명이 파리넬리였어요. 유명한 가수였지요. 이렇게 고음을 낼 수 있는 사람들을 카스트라토라고 합니다. 요새는 카운터 테너가 있어요. 남자의 가장 높은 음역대가 테너인데 여자 음역대인 메조 소프라노 음역을 노래하는 성악가를 카운터 테너라고 하지요. 영화 속 카스트라토의 목소리는 카운터 테너와 여성 소프라노의 목소리를 합성해 만든 소리였어요.

영화《파리넬리》를 보면 카스트라토는 망토를 쓰고 화장을 하고 무대에 섭니다. 그럼 파리넬리는 무슨 뜻일까요? 이게 아주 중요합니다. 파리넬리는 후원자 이름에서 딴 거예요. 파리나 형제가 그를 후원해서 후원자 이름을 예명으로 쓴 거예요. 연예인들이 예명으로 활동하는 것처럼 파리넬리도 예명이었던 거예요. 예술가에게 후원자는 정말 중요합니다. 후원이 있었기 때문에 음악가들이 밥을 먹고 작곡을 할 수가 있었지요.

상위 1%의 카스트라토는 엄청난 부와 명예가 따랐어요. 하지만 나머지 카스트라토들은 그렇지 못했어요. 아이돌을 지망하는 수많은 연습생처럼 인기를 얻지 못하고 잊히는 거죠. 파리넬리처럼 성공한 카스트라토는 열 손가락에 꼽을 정도였어요. 카스트라토는 평생 큰 부작용에 시달렸어요. 성장판이 닫히지 않아 키가 엄청나게 커지고 비쩍 마른 체형으로 온갖 질병에 시달렸어요. 힘이 없어 노동을 할 수도 없었지요. 남성 호르몬이 나오지 않으니 호르몬 불균형으로 심각한 병에 시달리다가 일찍 죽게 되었어요. 이는 성공한 카스트라토도 마찬가지였어요. 이러한 이유로 로마 가톨릭 교회에서는 1903년에 공식적으로 카스트라토 양성을 금지했어요. 요즘 시대에는 상상도 못 할 일이니 금지되는 게 당연한 거지요.

♭ 클래식 음악의 저작권

바흐가 '음악의 아버지'라는 건 세계적으로 인정되는 별명이에요. 그런데 헨델이 '음악의 어머니'라고 하면 아마도 의아해하겠지요. 일본에서 헨델을 소개하면서 같은 해, 같은 나라에서 태어난 바흐와 비교하기 위해 '음악의 어머니'라는 말을 썼는데 우리가 그대로 받아들이면서 일반적으로 쓰게 된 거예요.

헨델은 바로크 시대를 대표하는 음악가입니다. 바로크 시대는 아직 종교의 영향을 많이 받던 시기였어요. 음악가들은 종교 작품을 많이 남겼어요. 오라토리오는 오페라처럼 가사, 배우, 오케스트라가 있는 극음악이에요. 오페라가 허구의 이야기라면 오라토리오는 성서를 줄거리로 한 극음악인 셈이지요.

바로크 시대에 교회에서는 극적인 요소를 사용하여 성서를 전하기 위해 극음악을 많이 사용했어요. 오라토리오가 흥행했던 시대이지요. 전 세계에서 가장 유명한 오라토리오가 있습니다. "할렐루야"가 반복되는《메시아》입니다. "할렐루야 할렐루야 할렐루야 할렐루야 할레엘루야~" 하는 부분 모두 아시죠?

헨델은 평생 독신으로 살면서 스캔들도 없었어요. 헨델은 독일에서 태어나 이탈리아에서 유학했지만 영국에서 생을 마감합니다. 헨델을 세계인이라 부르는 이유예요.《메시아》는 지금까지도 기독교 사순절, 크리스마스, 연말연시마다 매번 공연장에 오르는 인기 레퍼토리입니다. 1742년 4월 13일 첫 공연된 이후 지금까지 멈추지 않고 연주된 곡이에요. 정말 대단하지 않나요? 300년 동안 인기 있는 곡을 작곡했다는 게 말이지요.

음악에는 저작권이 있습니다. 작곡을 한 사람, 연주를 한 사람, 작사를 한 사람에게 권리가 있어요. 음악을 들으려면 돈을 내고 들어야 하는 시대인 거죠. 어릴 적에는 크리스마스가 되면 온 거리에서 캐럴이 울려 퍼졌지만, 언제부터인가 거리에서 캐럴이 사라졌는데 다 저작권 때문입니다. 그런데 저작권은 저작자가 죽은 지 70년이 지나면 소멸하는 것 아시나요? 많은 국가에서 채택한 기간이 70년이에요. 하지만 법 개정 시기에 따라 나라마다 다를 수 있어요. 저작권이 소멸되면 공유 저작물이 되어 누구나 자유롭게 이용할 수 있어요. 클래식이 여러 대중 매체에서 널리 쓰이는 이유 중 하나지요.

최근에는 저작권 걱정 없이 경제적으로 사용할 수 있는 AI 음원을 제공하는 서비스가 생겼어요. AI로 작곡하는 프로그램도 있으니 AI가 만든 음악이 인기곡이 될 날도 멀지 않은 것 같네요.

얼마 전 '모차르트 사후 233년 만에 신곡 발표'라는 기사가 나서 화제가 됐어요. 알고 보니 모차르트가 10대 시절에 작곡한 것으로 보이는 미공개 악보가 발견된 거였죠. 처음으로 공개되는 거니 신곡인 셈이죠. 아직도 공개되지 않은 악보가 있다니 또 나오는 거 아닌가 기대되네요.

헨델은 독실한 영국 국교회 신자였던 그의 바람대로 웨스트민스터 대성당에 잠들어 있습니다. 웨스트민스터 대성당은 왕족과 관계된 귀족들만 이용할 수 있었는데 왕가의 승인을 얻어 웨스트민스터 대성당에 안치되었지요. 그의 장례식에는 무려 3천여 명이 넘는 조문객이 방문했어요. 당시 영국인들이 헨델을 진심으로 사랑했음을 짐작할 수 있겠지요. 이 성당에서는 해마다 사순절에 바흐의 오라토리오가 울립니다.

헨델은 아내와 자녀가 없었기에 재산을 친한 친구들에게 나눠 주고 하인들에게도 각각 몫을 남겨 놓았어요. 그리고 대부분의 재산을 기부합니다. 생전에 많은 존경과 사랑을 받다가 성대한 장례식을 치르고 재산을 뜻깊게 사용한 헨델의 삶, 어떤가요?

아마데우스와 감기 몸살의 추억, 모차르트

일이 많을 때, 나를 여기저기서 찾을 때 어울리는 곡이 있습니다. "너 없으면 안 돼. 너 최고야!" 하는 곡이에요. 들으면 힘이 나겠지요? 모차르트 《피가로의 결혼》의 〈만물박사〉 라는 곡입니다. '피가로' 익숙한 이름이죠? 유명한 노래 〈보헤미안 랩소디〉에도 가사에 '피가로'가 나오지요. "피가로, 피가로 피가로 피가로……" 하고요. 피가로는 등장인물 중 하인입니다. 하인 중에 영리한 인물이에요. 집사 같은 역할인데 재능이 너무나 많아서 여기저기 부르는 데가 많은 거죠.

피가로 가사는 "나는 나야 현철이, 철이, 현철 씨, 현철 님 파이팅!" 이러면서 자기가 잘났다는 식인 거예요. 내 역량을 과시할 때. "나는 이 거리에 만물박사" 음악을 들으면 더 힘이 날 것 같습니다. 영화 《홍반장》에서 배달부, 일꾼…… 필요할 때마다 어디선가 나타나는 홍 반장 같은 그런 인물인 거예요. 혹시 여기서 모티브를 따서 쓴 걸 수도 있어요. 믿거나 말거나 제 생각입니다.

《아마데우스》라는 영화가 1984년에 극장에 걸리고, 1985년 설날엔가 특집으로 해준 적이 있어요. 당시에는 영화관을 잘 못 가니까 TV에서 해 주는 것을 기다려서 보는 거죠. '응답하라 1988'에 나왔던 것처럼, 신문에 나온 편성표를 형광 칠해서 잘라 놓고 기다리는 거죠. 단칸방에서 엄마, 아버지, 형, 나, 동생, 5명이 살았어요. 지금 생각하면 얼마나 불편했을까 싶은데 당시에는 다 그렇게 살아서 당연한 줄 알았죠.

《아마데우스》는 미국 아카데미 작품상, 감독상 등 무려 8개 부문을 휩쓸며 최우수 클래식 레코드상을 수상한 대작이에요. 천재 음악가 모차르트와 오스트리아 궁정음악가 안토니오 살리에리의 갈등을 그린 내용이에요. 극적 재미를 위해 역사적 사실과 허구가 섞여 있어요. 그 《아마데우스》를 보는데, 전율이 쫙 오르는 거예요. '저거다!' 싶어서 애들 웃기려고 지휘 립싱크를 한 거예요. "빰빰빰빰 빰빰빰빰." 음악에 맞춰서 지휘하는데 하다 보니까 매번 같은 곡을 하면 애들이 지겨워해요. 또 다른 걸 외워야 하는 거죠. 이런 식으로 레퍼토리가 점점 생기는 거예요. 오락부장을 하던 초기에는 스피커도 없다가 삼성에서 '마이마이'가 나오면서 그걸 켜 놓고 지휘하고 그랬어요.

개그맨이 돼서도 지휘 개그를 했어요. 25년 전이에요. 그런데 신기한 건 그때 인터뷰에서도 제가 지휘를 하고 싶다는 표현을 썼더라고요. 신인 개그맨 인터뷰인데 지휘하고 싶다는 말을 왜 한 건지 지금 보면 너무 신기합니다. 당시에도 20곡 정도 외우고 있었어요. 30년 전 인터뷰에서 20곡 정도 외우고 있다고 했는데 30년이 흘러서 지금은 50곡 외웁니다. 1년에 한 곡씩 목표를 정했어요. 많은 곡을 하려고 하지 않았어요. 한 곡씩 하는 거예요. 2분짜리가 됐든 10분짜리가 됐든 한 곡씩이요. 한 곡씩을 어떻게 외우냐, 지휘할 수 있을 만큼 외우는 거예요.

외우고 있는 50곡 외에는 지휘를 안 해요. 지휘자 하면 모두 떠올리는 정명훈 같은 분은 그렇지 않죠. 악보를 보고 지휘하니까요. 하지만 저는 악보를 외워서 합니다. 나만의 악보는 머릿속에 있어요. 모두 외워져 있습니다. 이런 얘기를 공개하는 게 오히려 마이너스일지도 몰라요. 50곡밖에 못 한다는 거니까요. '지휘자인데 악보를 볼 줄 모른다?' 이런 걸 숨기면 떳떳하지 못한 거죠. 50곡은 오케스트라와 합을 맞춰서 지휘할 수 있다고 말할 수 있어요. 이제는 악보를 어느 정도 볼 수 있지만 정식으로 교육받은 지휘자들하고 제가 지휘할 때의 느낌은 다를 수밖에 없어요. 저만의 지휘 스타일이 생기는 거죠.

희극인에서 음악인으로 전향한 것도, 겸업하려고 한 것도 아닌데 여기까지 흘러왔어요. 음악을 많이 듣다 보니 지휘를 혼자 해보고 싶은 거죠. 음악을 들으면서 '이런 데 한번 서보고 싶다' 생각했어요. 이루어질 수 없는 꿈이죠. 그런데 꿈이 이루어진 거예요. 너무 좋아하다 보니 꿈을 이룬 거죠. 어렸을 때부터 지휘하고 싶은 꿈이 있었는데 계속 우물을 파다 보니 지휘를 하게 되고 지금은 가장 많은 지자체에 초청돼서 매년 60회 넘게 공연하는 지휘 퍼포머입니다. 개그맨 할 때 돈을 더 많이 벌긴 했지만 지금이 더 행복합니다.

♭ 클래식 개그의 출발, 모차르트《밤의 여왕 아리아》

모차르트는 1767년 첫 오페라를 작곡한 이래 20여 편의 오페라를 작곡해요. 모차르트의 오페라는 빈에서 큰 화제를 모았어요.《마술피리》,《피가로의 결혼》,《돈 조반니》,《코지 판 투테》등이 흥행에 성공해요. 지금까지도 사랑받는 작품들이죠.《피가로의 결혼》,《돈 조반니》,《마술피리》는 모차르트의 3대 오페라로 꼽힙니다. 1791년에 초연된《마술피리》는 빈에서 큰 인기를 얻고 그의 오페라 중 가장 큰 흥행을 합니다. 전 유럽으로 인기가 확산되어 갔어요. 모차르트는《마술피리》초연 후 두 달 만에 사망합니다.

《마술피리》는 우리가 즐겨 보는 TV 드라마 같은 내용이에요. 주인공 커플과 조연 커플이 등장하는 사랑 이야기죠.《마술피리》는 가곡, 민요, 오페라 등 다양한 장르의 음악이 섞여 있어요. 뮤지컬에 가까운 거죠. 당시 서민들은《마술피리》에 열광합니다. 초연했던 극장에서 100회가 넘게 상영될 정도였죠.

《마술피리》에서 밤의 여왕은 타미노 왕자에게 마술피리를 주며 납치된 딸을 구해 달라고 부탁해요. 타미노 왕자는 파미나 공주를 구하러 자라스트로에게 가지요. 자라스트로를 만난 타미노는 여왕이 악한 자임을 알게 돼요. 타미노 왕자는 파미나 공주를 구하고 밤의 여왕에게 맞섭니다.

《마술피리》에 나오는〈밤의 여왕의 아리아〉는 "아아아아 아아아아 아아~" 하는 부분이 유명한 곡이지요. 소프라노들도 소화하기 힘들 정도예요. 이 곡을 완벽하게 소화할 수 있는 가수는 몇 안 돼요. "아아아

아아아아아~" 아마 들으시면 누구나 알 수 있는 곡이에요. 제가 개그맨이 되고 처음 시도했던 클래식 개그에도 나왔던 곡이에요.

1994년 SBS에 특채로 합격하여 데뷔하고 96년 MBC 공채 개그맨으로 이적했어요. 클래식 지휘 개그를 꽤 오래전부터 했지요. 인기가 별로 없어서 기억을 못 하실 텐데요. SBS에서 처음에 했던 《좋은 친구들》 '제3의 사나이'에서 주인공인데 극 중에 감정이 가장 고조되면 옷 속에서 지휘봉을 꺼내 지휘를 했었어요.

2001년 MBC 《코미디하우스》에서는 '청소년 음악회'라는 코너를 했어요. 제가 지휘하면 여자 동료가 〈밤의 여왕의 아리아〉를 부르는 내용이었지요. 〈밤의 여왕의 아리아〉에 맞추어 립싱크하는 여자 가수 옆에서 지휘하는 내용의 개그였죠. 〈밤의 여왕의 아리아〉 하면 그때 장면이 떠오르네요. 당시 클래식이 좋아 PD님들을 설득해서 했던 클래식 개그인데 그다지 성공한 코너가 아니어서 몇 번 하다가 접은(흔히 말해 까인) 코너예요. 참 애착이 갔던 코너이지요.

연극과를 졸업했지만 진짜 연극을 해 본 적은 없어요. 대학 시절 복학하자마자 개그맨을 하면서 연극을 못 해봤어요. 개그맨이라고 하면 기존에 연출하는 사람들은 연극이나 영화에 안 쓰려고 하죠. 관객들의 박수를 못 느껴본 거예요. 졸업하고 바로 개그맨이 됐으니까요. 개그맨 할 때 당시에는 청중들이 동원된 방청객이었어요. 옛날 TV 프로그램을 보면 코미디언들이 연기하는데 방청객들 웃음소리가 끊이지 않고 나는 걸 볼 수 있어요. 동원된 방청객들이라 웃기지 않아도 웃어줬어요. 조연출이 방청객들 앞에서 손을 흔들면서 사인을 주는 거죠. 방송을 살리기 위한 노력이에요. 어떻게 보면 거짓 박수인 셈이죠. 동작 하나만 해도 "하하하하" 웃는 소리가 나잖아요.

그런데 클래식 공연의 지휘를 끝내고 돌아섰을 때 들리는 박수에 전율이 느껴졌어요. 세포 하나하나가 다 살아 있는 듯한 그런 느낌이었죠. 클래식을 연주하고 지휘할 때는 누구 못지않게 최선을 다해서 신중하게 합니다. 공연했을 때의 즐거움이 크니 다음 공연이 기다려지기 시작했어요. 어느 순간부터 다음 공연 또 없나 하고 기다리는 거죠. 지휘를 마치고 관객들과 호흡할 때면 그런 목마름을 채워지는 것 같아요.

2001년 MBC 〈코미디 하우스〉 청소년 음악회 코너 당시

청력을 잃은 음악가,
베토벤

설렁탕을 먹으러 갔더니 요즘 물가가 많이 올라서인지 만 4천 원이더라고요. 옛날에 7~8천 원에 먹었던 게 이제 만 4천 원이에요. 설렁탕이 삼겹살 1인분보다 비싸요. 알 만한 클래식 곡은 설렁탕 정도에 비유할 수 있어요. 베토벤은 꼬리곰탕 정도 될 거예요. 설렁탕이 만 4천 원이면 꼬리곰탕은 2만 8천 원 하겠지요. 엄청나게 비싸요. 꼬리곰탕보다 싼 게 도가니탕이죠. 도가니탕은 2만 2천 원 정도 받아야 해요. 사실 베토벤의 곡이 어떤 거냐에 따라서 달라지긴 합니다. 모차르트는 도가니탕 정도 되지 않을까요? 오히려 베토벤을 더 높게 쳐요. 당연하지요. 음악으로 성인이 된 악성이잖아요. 쇼팽은 음식으로 치자면 만 6천 원짜리 특설렁탕이에요. 메뉴판에 못 끼는 작곡가들이 훨씬 많아요. 슈베르트도 설렁탕 정도 되는 거예요. 메뉴판에는 있잖아요. 메뉴판 안에 안 들어온 작곡가도 많은데……. 베토벤은 횟집에 가면 다금바리라고 할 수 있겠지요. 가장 비싼 메뉴인 셈이에요. 어쨌든 메뉴판 위에 올라와 있는 사람들은 전부 다 위대한 거예요. 이건 순전히 저만의 개인적인 메뉴판입니다.

전 세계에서 가장 유명한 클래식 곡을 꼽으라면 베토벤의 9번 〈합창 교향곡〉을 말할 수 있습니다. 베토벤의 〈교향곡 9번, Op.125〉은 그의 여러 곡 중에서도 완성도가 높고 획기적인 작품입니다. 그래서 그런지 처음 구상했을 때부터 작품 발표까지 약 12년이나 걸렸어요. 빈 사람들은 베토벤에 열광했지만, 베토벤 말년에는 로시니의 오페라에 밀려 인기를 잃어가게 됩니다. 하지만 그를 원하는 친구들과 후원자들의 노력으로 베토벤은 〈교향곡 9번, Op.125〉을 1824년 5월 7일 빈에서 초연하게 되지요.

베토벤은 초연이 끝나고 열광적인 반응을 보내는 청중의 소리를 듣지 못했다는 기록이 남아 있어요. 소프라노 가수가 베토벤의 소매를 잡아당겨 객석 쪽으로 몸을 돌리자 환호하는 관객들을 발견합니다. 유명한 일화지요. 베토벤 전기를 쓰고 베토벤의 추종자라고 밝힌 바그너는 작곡가들이 앞으로 교향곡을 쓸 권리가 사라졌다며 9번 교향곡에 대한 감동을 전했어요.

베토벤은 50살이었던 1820년부터 귀가 아예 들리지 않았어요. 배에 복수가 차올라 여러 차례 수술받아야 했어요. 그러는 중에 베토벤은 독일의 시인 프리드리히 실러의 시 '환희의 송가'를 가사로 마지막 4악장에 합창을 넣습니다. "모두 서로 포옹하라! 세상을 위한 입맞춤!"이라는 환희의 송가 가사는 베토벤의 현실과는 참 멀어 보이지요.

그런데 "9번 교향곡을 작곡하면 죽는다"라는 얘기를 들어보셨나요? 베토벤이 교향곡 9번을 작곡하고 죽음으로써 이 이야기가 널리 퍼지게 되었습니다. 베토벤만이 아니라 9번 교향곡을 작곡하고 죽은 음악가들이 또 있어요. 슈베르트는 9번 교향곡을 작곡하기 전에 죽었습니다. 8번 교향곡 2악장까지만 작곡을 했어요. 그래서 〈미완성 교향곡〉이라고 부릅니다.

말러는 9번 교향곡을 작곡해 놓고 9번이라는 표현을 안 썼어요. 9번 교향곡의 저주를 피해 가려고 한 겁니다. 클래식 작곡가들이 곡 제목을 정하지 않는데 이 곡은 말러가 직접 제목을 정했어요. 9번 교향곡 제목을 〈대지의 노래〉라고 정합니다. 그러고 나서 10번 교향곡을 작곡하고 사망하죠. 따지고 보면 〈대지의 노래〉를 빼고 9번 교향곡이 아니냐 하는 말을 합니다. 드보르자크도 9번 교향곡까지 작곡하고 사망합니다. 우리가 잘 알고 있는 안톤 부르크너라는 작곡가도 9번 교향곡까지 작곡하고 사망합니다. 그래서인지 많은 사람이 '9번 교향곡의 저주'라고 하게 된 거지요. 정말 저주일까요?

비제의 《카르멘》은 전 세계에서 가장 많이 상연되는 오페라예요. 비제는 1838년에 태어나서 1875년에 사망합니다. 1875년 3월 3일에 《카르멘》 초연을 해요. 당시 대중들의 반응은 좋지 않았어요. 왜 그랬을까요? 하류 계층 여자인 카르멘이 주인공인데 살인으로 끝나는 내용이 당시 대중들에게는 호감을 일으키지 못한 거예요.

비제는《카르멘》의 성공을 보지 못하고 3개월 후 1875년 6월 3일에 갑자기 사망합니다. 또 비제의 3대 오페라가 있어요.《카르멘》,《진주조개잡이》,《아를르의 여인》인데요. 비제가 20살에 3년 동안 로마에서 유학을 해요. 비제와 숫자 3을 연관시키는 이유입니다. 사람들은 숫자에 의미를 부여하는 걸 좋아해요. 우리나라에 숫자 4에 대한 미신이 있는 것처럼요. 4층이 없는 건물이 많잖아요. 3층 다음 5층이 나오는 곳도 있고요.

저도 관련 있는 숫자가 있어요. 바로 6입니다. 처음 독립한 게 6월 6일이고 제가 살던 곳은 반지하였는데 여섯 가구가 살고 있었어요. 자동차 번호가 ○○ ○○ 6676이고, 당시 집 전화번호가 ○○6-6661, 그 후에도 6은 제 곁을 떠나지 않았습니다. MBC 공채로 96년도에 들어갔어요. 7명 뽑는데 6등을 했지요. 그리고 육군을 나왔습니다.

안 좋게 생각하면 안 좋은 거고 좋게 생각하면 좋은 것 아닐까요? 모든 것은 마음먹기에 달린 거니까요. 여러분과 클래식 음악을 이야기하는 지금보다 더 행복할 수 있을까요?

♭ 나폴레옹에 헌정하려던 음악, 영웅 교향곡

베토벤은 1770년 독일 본에서 태어났어요. 고전 시대에서 낭만 시대를 연결하는 음악가예요. 베토벤, 모차르트, 하이든은 18세기를 함께 살았던 동시대 음악가예요. 베토벤은 당대 최고의 음악가 모차르트, 하이든의 작품을 연구하며 음악가의 꿈을 키워갔어요. 18세기 말에는 고전주의 3대 음악가 모차르트, 하이든, 베토벤 모두 활발하게 활동했어요.

베토벤이 태어났을 때는 신동 모차르트의 인기가 높았어요. 베토벤의 아버지 요한은 궁정 소속 음악가지만 겨우 생계를 꾸릴 정도였어요. 게다가 술주정뱅이였지요. 베토벤을 제2의 모차르트로 만들기 위해 혹독하게 피아노 연습을 시켰어요. 이른 아침부터 밤늦게까지, 때론 굶겨 가며 피아노 연습을 시켰어요. 하루하루가 지옥 같았을 거예요. 밤에 자고 있는 베토벤을 깨워 밤새도록 피아노 연습을 시키곤 했으니까요. 베토벤의 병이 어린 시절의 학대 때문이었을 거라는 말이 있을 정도지요.

고향인 독일 본을 떠나 오스트리아 빈으로 간 베토벤은 모차르트 앞에서 피아노를 연주합니다. 베토벤의 작품을 들은 모차르트는 깜짝 놀라 나중에 베토벤이 유명해질 거라고 했어요. 실제 만났는지는 알 수 없지만 충분히 그랬을 것 같기도 합니다. 베토벤은 22살에 오스트리아 빈으로 이주해 35년간 빈에서 살았어요. 고집 세고 거친 성격이라 주변 사람들과 끊임없이 불화를 일으켰지요. 베토벤은 늘 사랑에 빠져 지냈지만, 평생 혼자 살다 죽었어요. 베토벤은 평생 음악가로서 인정받고 좋은 친구들과 우정을 나누며 나름 행복한 삶을 살았어요.

낭만주의 음악가들은 예술가라는 자존심이 있었어요. 베토벤은 본인 스스로 위대한 예술가라고 생각했어요. 하이든은 연주 여행 중에 베토벤과 만나게 됩니다. 베토벤의 작품에 큰 감명을 받은 하이든은 자신의 제자가 되라고 해요. 하지만 스승 하이든과 제자 베토벤은 잘 맞지 않았어요.

낭만주의 시대 예술가들의 지위는 이전 시대와는 달랐어요. 베토벤이 태어난 18세기까지만 해도 음악가는 왕실이나 귀족 또는 교회에 묶여 있었거든요. 하이든은 출근할 때마다 하인 유니폼을 입었어요. 귀족들과 같이 식사하지 못하고 하인들과 같이 식사했어요. 하지만 베토벤은 평생 독립적인 예술가로 살았어요. 후원받으려고 교회, 귀족에게 굽실거리지 않았지요. 음악가들이 유리한 위치가 된 거예요. 베토벤은 귀족과 어울리고 음악가로서 자존심을 지켰어요. 베토벤은 귀족들에게 무례한 태도로 대하기도 했습니다. 하지만 귀족들은 베토벤의 재능을 동경했고 후원자가 되고 싶어 했어요.

베토벤은 작품을 출판하면서 많은 수입을 올릴 수 있었어요. 귀족들의 후원에만 목맬 필요가 없는 거죠. 베토벤의 작품은 빈은 물론 프랑스 파리, 영국 런던 등 유럽의 주요 도시에서 출간됐어요. 베토벤은 출판사와 계약할 때 까다로운 조건을 내세웠습니다. 출판사들은 베토벤이 아직 작품을 완성하지도 않은 상태에서 계약하기도 했어요. 일단 계약해 놓고 보는 거죠. 지금의 베스트셀러 작가나 마찬가지예요. 인기 작가의 신작을 미리 계약해 놓는 것이지요. 에스테르하지 가문에 소속되었던 하이든이 평생 100개가 넘는 교향곡을 쓴 반면 베토벤은 교향곡 9개를 남겼어요. 격세지감이라 할 만하지요.

〈영웅 교향곡〉은 음악 역사상 최고의 교향곡 중 하나로 꼽힙니다. 베토벤은 나폴레옹이 프랑스 혁명의 정신인 '자유, 평등, 우애'를 구현할 영웅이라 생각했어요. 나폴레옹에게 헌정하기 위해 작곡한 후 표지에 '나폴레옹의 성인 보나파트르'라고 썼어요. 하지만 나폴레옹의 독재적인 행보에 베토벤은 의구심을 가지게 되었죠. 베토벤의 기대를 저버리고 1804년 12월 2일 나폴레옹이 프랑스 황제로 즉위합니다. 베토벤은 크게 화를 냈어요. 얼마나 화가 났는지 악보의 표지를 찢어 버렸다는 얘기가 전해집니다.

♭ **교향곡 5번 '운명'**

베토벤은 자살했을까요, 안 했을까요? 베토벤은 자살하지 않았습니다. 베토벤은 56세까지 살았어요. 1770년에 태어나서 1827년에 사망했지요. 베토벤은 너무 생이 고단하고, 자신의 신세가 원망스럽고, 귀가 안 들려서 음악적으로 좌절했었습니다. 하지만 그는 자살하지 않았고 우리가 알고 있는 〈운명〉, 〈합창〉과 같은 교향곡들을 쏟아내고 악성으로 남았어요.

베토벤은 1770년생이니까 70년생인 저랑 같은 동갑입니다. 200년 차이를 두고 노력형 천재들이 탄생한 거지요. 서양의 베토벤과 동양의 김현철……. 감히 베토벤에 비교할 수는 없겠지요. 단지 베토벤의 아픔에 너무 공감하게 되었습니다.

베토벤의 귀에 문제가 생긴 건 29세이던 1789년인데 1820년에는 거의 듣지 못하게 돼요. 다른 사람들보다 예민한 귀를 가졌던 베토벤이 사람들과 대화를 나누는 것도 쉽지 않게 되면서 점점 사람들을 피하게 됐어요. 그러면서 점점 고집 세고 거친 성격으로 바뀌어 갑니다.

어느 날, 개그맨으로 왕성하게 활동했던 시기에 저는 말을 유창하게 하지 못하게 됐어요. '내가 살아갈 이유가 뭐가 있나?' 싶었지요. 30대 가장 왕성하게 코미디를 할 때 말이 나오지 않는 겁니다. 음악가 베토벤이 귀가 안 들렸던 것처럼요. 보통 사람이라면 코미디 때려치웠을 겁니다.

사실 베토벤은 자살하기 위해 생활을 정리하고 시골로 갔습니다. 유서까지 쓰고 말이지요. 유서 내용은 이렇습니다.

'지금 너무나 내 인생이 처참하고 비참하다. 이제 음악적으로 다 됐다. 귀가 이상하고 안 들리니까 포기하겠다. 내가 아끼는 바이올린은 조카 칼에게 주고 피아노는 내 동생, 네가 갖다가 팔아서 생활비로 써라…….'

이 유서를 '하일리겐슈타트 유서'라고 합니다. 그러고 나서 베토벤은 청평 같은 한적한 곳으로 혼자 갑니다. 베토벤은 숲을 좋아했어요. 산책하는 것도 즐겼지요. 저도 산책하는 걸 참 좋아합니다. 거기서 자살하려고 했던 거예요. 그런데 자살을 안 했어요. 극복한 거지요. '안 들리면 뭐 어때?' 한 거예요. 저는 '말 더듬으면 뭐 어때?' 하면서 행동으로 웃기기 시작했죠. 그리고 우리가 알고 있는 〈운명〉, 〈합창〉 교향곡들이 막 쏟아진 겁니다. 그래서 〈운명 교향곡〉이라고 하나 봅니다. 2명의 남동생에게 남길 유서를 쓰고 무려 25년이나 더 살았어요. 그리고 유서를 쓰고 난 후 10여 년 동안 위대한 작품들이 탄생했지요.

예술가의 뇌 구조는 보통 사람들과는 많이 다른 것처럼 보일 때가 있습니다. 클래식 곡 악보를 보다 보면 깜짝 놀랄 때가 있어요. 악보에 나온 곡은 우리가 듣는 곡과는 전혀 달라 보이거든요. 이 악기는 빵빵빵빵, 저 악기는 솔솔솔, 여기는 라솔라솔…… 각 악기가 연주하면 합쳐져서 우리가 알고 있는 곡이 되는 거예요.

베토벤 하면 인간의 위대함을 떠올리게 됩니다. 인간의 나약함을 극복한 위대한 음악가. 이런 이름을 붙이는 이유는 그런 아픔이 있었기 때문일 거예요. 베토벤은 청력을 잃는 고난으로 자살하려고까지 했지만 아픔을 극복하고 위대한 곡들을 탄생시켜서 음악가로서 가장 위대한 악성이 됩니다.

숭어냐, 송어냐,
슈베르트

연세가 있는 분들은 〈숭어〉로 알고 있는 곡입니다. 사실은 〈송어〉입니다. 일제 강점기 때 잘못 전해져 숭어로 배우던 때가 있었습니다. 서양 문물이 들어오면서 일본에서 '숭어'로 번역을 한 거지요. 최근까지도 숭어로 표기한 교과서가 있을 정도로 오랫동안 숭어로 배웠던 거예요.

슈베르트는 오스트리아 사람입니다. 오스트리아는 내륙 국가라 바다가 없지요. 숭어는 바다에서 살다가 알을 낳으려고 바다와 강이 만나는 곳까지 와서 알을 낳습니다. 숭어는 큰 바닷고기입니다. 송어는 민물고기고요. 슈베르트가 숭어를 봤을 리가 없겠지요. 슈베르트는 자연에서 영감을 얻어서 이 곡을 작곡한 거예요. 송어 하니까 송어회 생각이 나네요. 춘천에 가면 겨울에 싱싱한 걸 초장 찍어서 먹는…….

〈송어〉는 가사가 재미있습니다. "작은 맑은 시냇물에 물고기가 뛰어노는데 너무나 빨라서 화살촉 같은데 내가 아무리 잡으려고 해도 안 되네. 흙탕물을 일으켜서 잡았네." 우리나라 성악가들이 "맑은 시냇물 화살처럼 뛰어가는 송어" 이렇게 부르기도 해요.

그런데 어느 날 슈베르트는 후원자를 만나게 됩니다. 곡이 좋아서 연주해 보고 싶다는 후원자의 요청에 슈베르트는 〈송어〉를 연주 버전으로 작곡해 줍니다. 생각해 보세요. 행사 뛰러 갔는데 "김현철 씨 좋아해요" 하면서 후원해 준다고 하면 그 사람을 위해서 개그를 할 수밖에 없잖아요. 슈베르트도 가곡을 작곡했는데 연주 형태로 편곡을 해 줍니다. 후원자와 같이 연주하기 위해 가사를 떼고 연주곡으로 자기 곡을 편곡한 거예요.

그런데 특이하게 현악 5중주로 연주해요. 현악 5중주는 거의 없거든요. 대부분 피아노 5중주라고 해서 피아노를 포함해 바이올린 2대, 비올라 1대, 첼로 1대 이렇게 구성되지요. 그런데 슈베르트가 편곡한 곡은 피아노 1대, 바이올린, 비올라, 첼로, 그리고 더블 베이스가 들어옵니다. 더블 베이스를 왜 넣었을까요? 후원자가 더블 베이스를 켤 줄 알았던 거예요. 그 사람과 같이 연주하려고 더블 베이스를 편성해서 넣은 거예요.

실내악으로 소규모 편성하는데 특이하게 베이스가 들어오는 곡이 이 곡입니다. 상당히 이례적인 일이에요. 더블 베이스가 현악 4중주에 들어온다면 다른 악기들과 어울리기 어렵거든요. 첼로는 멜로디를 연주할 수 있지만 베이스는 멜로디를 연주하지 못해요.

재즈를 듣다 보면 '둠둠둠둠' 이렇게 들리는 악기 기억나시나요? 더블 베이스로 멜로디를 연주하면 답답해져요. 재즈에서 베이스는 손으로 뜯으면서 연주해요. 우리에게 '덤덤 덤덤덤' 이런 식으로 들리지요. 그런데도 슈베르트는 더블 베이스를 편성해서 편곡합니다. 이렇게 후원자가 중요합니다. 이 책을 사 주시는 여러분이 저의 후원자입니다.

♭ 슈베르트 죽음의 이유

슈베르트는 1797년 오스트리아에서 태어났습니다. 고전 시대에서 낭만 시대로 넘어가는 시기에 활동했어요. 1819년 〈송어〉를 완성하고 1822년 〈마왕〉이 출판되어 성공합니다. 600여 편의 가곡을 작곡해 '가곡의 왕'이라고도 불리지요. 당시 음악가 중에는 일찍 세상을 떠난 사람들이 많았습니다. 일찍 세상을 떠난 음악가 중에서도 너무 짧은 삶을 살았어요. 슈베르트는 31세, 모차르트 35세, 쇼팽이 39세까지 살았어요. 당시에는 평균 수명이 40년 정도였어요. 그럼 왜 그렇게 일찍 세상을 떠난 걸까요?

가장 큰 이유는 성병이었어요. 놀라셨나요? 그때는 매독이 흔했습니다. 피임기구 같은 게 없었으니까 그럴 수밖에 없었겠지요. 그래서 나온 게 가발이었습니다. 매독이 심해지면 반점이 생기고 머리가 빠져요. 그래서 남자들도 화장하고 가발 쓰고 그랬던 거죠. 루이 1세, 14세, 16세 모두 매독에 걸렸어요.

슈베르트의 죽음에는 몇 가지 설이 있습니다. 수은 중독이라는 설, 물 때문에 배탈이 났다는 설, 굶어 죽었다는 설 등이에요. 굶어 죽었다는 이야기가 있을 정도로 슈베르트는 가난했어요. 슈베르트는 가곡의 왕이지만, 그때는 오페라가 유행하던 시대였어요. 인기 있는 개그맨들이 예능 프로그램에 출연하는 것처럼 오페라를 작곡해야 인기가 있는 거죠. 그런데 슈베르트는 예능을 안 하고 혼자 다큐를 찍고 있는 거예요. 그러니 가난할 수밖에 없는 거죠. 그러다 돈을 조금 벌면 친구들에게 사 주고 그랬어요. 개그맨들이 야간 업소에서 행사 뛰듯이 슈베르트가 일해서 돈을 받으면 친구들에게 뭔가를 사 주는 데 다 쓴 거죠. 소심하고 못생기고 여자한테 말도 잘 못하는데 친구들 앞에서는 대장인 셈이었죠. 착하고 성격이 좋았던 슈베르트는 주위에 친구들이 많았고, 친구들은 무명이었던 슈베르트를 많이 도와주었어요. 슈베르트는 친구 집을 전전하면서 얹혀살았는데 밤 문화를 즐기는 친구가 유흥가에 데리고 갔다가 매독에 걸리고 맙니다.

매독은 초기 증상이 없어 2년 뒤인 1822년 25세 때부터 슈베르트는 두통, 현기증에 시달렸어요. 머리를 삭발하고 가발을 쓰고 다녀야 할 정도로 피부병도 심했지요. 매독 말기, 고열에 시달리며 온몸이 두들겨 맞는 듯한 고통을 겪으면서도 슈베르트는 쉬지 않고 작곡에 매달려요. 놀라운 건 이때 작곡한 곡들이 그의 작품 중 가장 주옥같은 명곡이라는 점이에요. 이 기간에 연가곡 〈겨울 나그네 D.911〉, 〈현악 4중주 14번 죽음과 소녀 D.810〉, 〈현악 5중주 D.956〉, 〈미완성 교향곡(Unfinished Symphony), D.759〉등 수많은 걸작을 만들지요. 당시 매독은 불치의 병이었어요. 유일한 치료제로 알려진 수은을 몸에 바르며 심해지지 않길 바라는 게 전부였지요. 그는 죽기 불과 1년 전에야 피아노를 장만했어요. 이전까지는 피아노도 없이 작곡했다는 얘기예요. 평생 가난에 시달렸으니 변변한 악기 하나 없었던 거지요.

슈베르트에게는 〈미완성 교향곡〉이 있어요. 왜 미완성이냐. 특이하게도 이 곡은 작품을 완성하기 전에 죽어서 미완성이 된 게 아니에요. 슈베르트는 이 교향곡의 2악장까지 쓰다 말았어요. 그래서 이 곡은 2악장까지밖에 없어요. 슈베르트는 31살에 죽었는데 죽기 전에 교향곡을 완성하지 못했어요. 제목은 슈베르트가 지은 게 아니라 후세에서 정한 거죠. 〈미완성 교향곡〉은 슈베르트가 8번째로 작곡하고 있던 교향곡이에요. 미완성이어도 이 곡은 아직도 많이 연주되는 매력적인 곡입니다. 어린 시절《스머프》를 즐겨 봤던 분들이라면 기억이 나실지도 모릅니다. 이 곡은 가가멜이 등장하는 장면에서 꼭 나왔어요.

음악가는 30대를 넘어서면서 절정에 이르는 경우가 많아요. 자신만의 작곡기법이 확립되는 시기인 거죠. 그런데 슈베르트는 거의 독학으로 음악을 익혔어요. 뛰어난 재능으로 가곡을 작곡하지만, 소나타, 교향곡 같은 형식미가 중요한 작품에서는 미숙한 면이 있었어요. 어릴 적부터 체계적인 음악 교육을 받았거나 많은 악기를 연주할 수 있는 환경이었다면 어땠을까요? 슈베르트의 고단한 삶을 생각하면 너무 가슴이 아픕니다.

♭ 슈베르트의 밤

교사였던 슈베르트의 아버지는 슈베르트가 자신처럼 교사가 되길 바랐어요. 슈베르트는 17세 때부터 초등학교 교사로 일했지만, 적성에 맞지 않아 그만두고 집을 나갔어요. 친구 집에 얹혀살며 음악가의 길에 매진합니다. 슈베르트 주변에는 좋은 친구들이 많았어요. 그의 음악을 이해하고 사랑했지요. 친구들은 유쾌하고 순수한 슈베르트를 사랑했어요. 자연스럽게 슈베르트의 음악을 좋아하는 친구들의 모임이 생겨나 '슈베르티아테'라고 불렀어요. '슈베르트의 밤'이라는 뜻이에요. 어린 시절, 저도 친구들과 다 같이 극장에 가고 싶었지만 그러질 못했어요. 대신 친구들이 저한테 돈을 모아 주면 대신 극장에 가서 영화를 보고 와서 친구들에게 재미나게 설명해 줬지요. '현철티아테' 정도 됐을까요?

슈베르트의 가곡 〈마왕 D.328〉은 독일의 문학가 요한 볼프강 폰 괴테의 시에 슈베르트가 노래를 붙여 만든 작품이에요. 〈마왕〉은 폭풍우가 치는 깊은 밤, 아버지가 아들을 품에 안고 집을 향해 달려가는 장면으로 시작됩니다. 아들은 아버지에게 마왕이 보인다고 말합니다. 아버지는 아들을 달래며 죽을힘을 다해 말을 달립니다. 하지만 아들은 마왕이 보인다며 공포에 질려 소리칩니다. 마침내 집에 도착했지만, 아들은 이미 숨을 거둔 뒤였어요.

독일 가곡 최고 명작으로 꼽히는 곡이에요. 18세 때 이 시를 읽고 큰 감동을 받은 슈베르트는 단숨에 곡을 써 내려갔어요. 작곡에 열중해 친구들이 인사를 하는 것도 모를 정도였어요. 슈베르트는 빠른 속도로 쉬지 않고 작곡했어요. 하루에도 여러 곡을 작곡할 정도였지요. 그래서 슈베르트는 31세에 요절했음에도 300여 곡의 가곡, 9곡의 교향곡, 22곡의 피아노 소나타, 15곡의 현악 4중주 등 1,000곡이 넘는 다수의 작품을 남길 수 있었어요.

슈베르트 최고의 작품은 가곡입니다. 시에 너무나 잘 어울리는 선율로 시와 음악이 하나가 되지요. 슈베르트는 사랑 노래의 대가였지만 현실은 정반대였어요. 슈베르트는 키가 160센티미터도 안 될 정도로 작았어요. 곱슬머리에 안경을 썼고 점점 살이 쪄갔지요. 친구들은 '작은 버섯'이라는 별명으로 불렀어요. 수줍음 많고 내성적인 성격이다 보니 슈베르트는 여자들에게 인기가 없었어요. 성격 탓인지 여성에게 적극적으로 다가가지도 못했지요. 수많은 사랑 노래를 남겼지만 정작 연애도 제대로 못 했던 거예요.

베토벤이 죽기 일주일 전, 슈베르트를 만났어요. 슈베르트는 평소에 베토벤을 너무 존경했어요. 소심한 성격 탓에 만날 용기를 내지 못했지요. 그러다 용기를 내어 1827년 3월 19일, 베토벤의 집에 방문합니다. 두 사람은 빈에서 2킬로미터도 안 되는 거리에 살고 있었어요. 베토벤은 슈베르트의 악보를 보고 너무 늦게 만난 것을 안타까워했지요. 슈베르트는 제대로 인사도 하지 못하고 방을 뛰쳐나갔어요. 이것이 두 사람의 처음이자 마지막 만남이었어요. 일주일 뒤인 3월 26일, 베토벤이 죽고 슈베르트는 베토벤의 장례식에서 베토벤의 마지막 길을 함께했어요.

그해 슈베르트는 24곡의 연가곡집 〈겨울 나그네〉, 〈악흥의 순간〉 등 명곡들을 작곡합니다. 건강이 악화되면서 11월부터 병상에 누워 19일, 31세로 세상을 떠납니다. 베토벤이 죽은 지 1년 8개월 만이었어요. 슈베르트는 생전에 존경했던 베토벤 옆에 묻히길 원했고, 슈베르트의 유언에 따라 빈 중앙 묘지의 베토벤 옆에 묻힙니다.

김현철이 들려주는
클래식 거장들의 맛있는 이야기

EPISODE 2 로시니&소고기 스테이크: 세련된 미식가

조아키노 안토니오 로시니(Gioacchino Antonio Rossini, 1792~1868)

조아키노 로시니는 유명한 이탈리아 오페라 작곡가로, 음악만큼이나 음식에도 많은 관심을 가졌다고 해요. 그는 미식가로 알려져 있으며, 자신의 친구들과 함께 프랑스 유명한 요리사들과 자주 만남을 가졌다고 합니다. 프랑스 요리와 이탈리아 전통 음식을 좋아했으며, 고급스러운 소고기 요리와 리조토, 푸아그라가

들어간 요리를 즐겼어요. 특히 소고기와 푸아그라(거위 간)를 결합한 요리가 그의 이름을 딴 '로시니 스타일' 요리로 불리기도 했는데, 이는 그가 좋아하는 고급스러운 재료와 간단한 조리법으로 그가 선호하는 음식의 특성을 잘 반영하고 있는 것 같아요. 로시니는 음악처럼 정교하고 섬세한 맛을 추구한 미식가로, 친구들과의 식사 자리에서도 음식과 예술에 대한 깊은 감성을 나누었다고 전해집니다.

MENU

3부.
시그니처 메뉴

"음악은 신의 존재와 연결된 언어이다."

요한 세바스티안 바흐(Johann Sebastian Bach)

가장 좋아하는 클래식 곡,
브람스 〈헝가리 무곡〉

저는 서곡을 좋아합니다. 오페라 서곡을 말하는데 오페라를 반주하는 오케스트라는 풀 편성 오케스트라인 거예요. 크고 웅장하고 스케일도 커서 오페라 서곡을 많이 좋아합니다. 〈루드밀라 서곡〉, 〈카르멘 서곡〉, 〈윌리엄텔 서곡〉, 〈1812년 서곡〉' 등 스케일이 큰 걸 좋아하지요.

"클래식 중에 어떤 곡을 가장 좋아하세요?" 하는 질문을 받으면 난감해집니다. 제가 가장 많이 듣는 곡은 제가 지휘했던 곡, 그리고 앞으로 지휘할 곡이거든요. 요즘은 브람스 〈헝가리 무곡〉 6번을 듣고 있습니다. 브람스의 〈헝가리 무곡〉은 21곡이 있는데 이 중 유명한 곡이 1번과 5번, 6번 곡이에요.

브람스의 〈헝가리 무곡〉은 제목에서 알 수 있듯이 집시 음악의 영향을 많이 받았어요. 당시 헝가리에는 집시들이 많아 집시 음악의 영향을 많이 받았고 당시 사람들은 헝가리 음악을 집시 음악과 동일시했어요. '헝가리 무곡'은 헝가리 지방으로 연주 여행을 갔다가 만들었던 곡인데 큰 성공을 거두게 되고 사람들은 집시풍의 음악에 열광합니다. 브람스는 이 곡을 작곡할 때 원래 있던 곡들을 바탕으로 했다는 사실을 밝히기 위해 '브람스 편곡'이라 표기했었는데 나중에 저작권 문제로 소송을 당하지만 승소하는 일도 있었어요. 브람스는 이 곡으로 작곡가로서 인정받고 자신감을 얻습니다.

브람스는 1833년생으로 낭만주의 음악을 대표합니다. 브람스는 베토벤을 탐미한 사람이에요. 신고전주의라고도 표현해요. 낭만이 뭐예요? 로맨틱이잖아요. 낭만적, 주관적, 작가의 감정이 많이 드러나는 자유로운 사상이지요. 딱딱한 고전주의와는 반대예요. 브람스는 베토벤을 교과서라 생각하고 베토벤의 유산을 계승하고자 했어요. 〈브람스 교향곡 1번〉을 〈베토벤 교향곡 10번〉이라고 부르는 이유이지요. 그만큼 베토벤의 작품들과 유사했기 때문이에요.

독일 사람들은 브람스를 참 좋아합니다. 베토벤이나 바흐는 역사적 인물로 비유하자면 을지문덕 정도로 오래전 인물인 거예요. 우리한테 이순신 장군이 있는 것처럼 독일 사람들은 브람스를 좋아해요. 바흐, 베토벤, 브람스를 '3대 B'라고도 부릅니다.

〈헝가리 무곡〉 21곡 중에 5번이 가장 유명하고 연주를 많이 하는 게 1번, 5번, 6번 곡이에요. 이 중 6번 곡을 다음 지휘 곡으로 하기 위해 익

히고 있어요. 제가 지휘하는 곡들 중에는 100퍼센트 숙지하고 있는 곡이 있고 120퍼센트 숙지하고 있는 곡이 있어요. 자다가도 일어나서 하라고 해도 자신 있는 곡이 있고 그 정도 자신은 없는 곡도 있지요. 〈헝가리 무곡 5번〉은 120% 숙지한 곡이에요.

그래서 제가 가장 많이 듣는 곡은 제가 지휘했던 곡과 앞으로 지휘할 곡입니다. 차로 이동할 때나 혼자 있을 때 주로 클래식 음악을 들어요. 신기하게도 들을 때마다 달라요. '전에는 이 소리는 못 들었는데……. 이 부분에서는 템포가 빨라지고, 플롯하고 클라리넷이 합쳐서 나오다가 플롯이 먼저 끝나고 클라리넷이 이어서 한 마디 더 하네…….' 기존에 있는 악보를 보면서 하는 작업이 아니니까 나만의 악보, 악보 아닌 악보로 표기를 합니다. 클래식을 들으면서 틈틈이 생각나는 것들을 메모해요.

♭ 마음을 울리는 멜로디

그런 멜로디를 좋아해요. 감정이 북받친다고 해야 할까요? '레몬 소스를 곁들인 북해산 연어 구이'를 먹기 전에 '레몬' 하면 침이 나오듯이 '먹고 싶다' 이런 느낌의 멜로디를 참 좋아합니다. 차이콥스키 〈백조의 호수〉에도 그런 멜로디가 나오고 〈윌리엄텔 서곡〉의 처음 부분에도 그런 느낌의 첼로 연주가 나와요. 침이 확 나오는 듯한 느낌이 들어요. 감정이 이렇게 북받치는데 슬픈 감정은 아니고 좋은 느낌이에요.

어느 날 유튜브를 보는데 이런 이야기가 있었어요. 가게로 배달이 들어왔는데 "사장님, 제가 지금 돈이 없는데 아기한테 먹일 음식이 필요해요. 이번 주에 돈이 들어오니 꼭 보내드릴게요." 주인이 읽어보고 사연이 마음에 걸려서 전화해 본 거예요. 상처받지 않게 음식을 갖다주려고 갔더니 식당에 몇 번 왔던 어린 학생인 거죠. 학생에게 식당에 와서 2시간씩이라도 아르바이트하라고 했다는 훈훈하고 따뜻한 이야기를 들었을 때의 느낌이요. 이런 사연을 접하면 울컥하듯이 그런 느낌의 멜로디가 있습니다. 요소수 파동이 났을 때 경찰차가 출동하지 못할까 봐 요소수를 갖다준 사연, 폐지 줍는 노인 짐수레에서 종이가 우르르 떨어져서 걱정이 되어 따라가 봤더니 학생들이 폐지를 주워 주고 있었다는 사연처럼 흐뭇하면서 짠한 느낌, 배가 정말 고플 때 식당에 갔더니 계란 프라이를 서비스해 줄 때의 느낌…… 그런 느낌의 선율이 있는 곡을 참 좋아합니다.

♭ 브람스를 좋아하시나요? 자장가

요하네스 브람스는 1833년 태어난 독일의 음악가입니다. 낭만주의 음악을 이끄는 작곡가였지요. 《브람스를 좋아하세요》라는 제목의 영화가 있습니다. 브람스가 나오는 영화가 아니라 영화에 브람스 곡이 많이 나옵니다. 영화를 보다 보면 "브람스를 좋아하세요?" 하는 대사가 나옵니다. 남자 주인공 시몽이 폴라에게 데이트 신청하면서 하는 질문입니다.

브람스의 자장가는 가장 오래된 자장가로 알려져 있어요. "잘 자라,

내 아기. 내 귀여운 아기…….” 너무 익숙하지요? 리듬과 멜로디, 가사가 정말 잘 어우러진 곡이에요. 이 곡은 작곡한 당시에도 인기가 많았어요. 1869년 빈에서 초연되었는데, 피아노 반주는 클라라 슈만이 했어요. 악보가 나온 후 폭발적인 인기를 끌었지요.

당시 음악가라면 누구나 유학을 갔어요. 브람스도 오스트리아 빈, 요한 슈트라우스의 고장으로 유학을 갑니다. 브람스와 요한 슈트라우스는 비슷한 시대 사람이에요. 베토벤도 빈에서 살았어요. 독일에서 태어났지만 오스트리아 빈에서 유학했고, 모차르트 같은 대부분의 음악가는 다 빈에서 살았어요. 음악가 마을인 셈이지요.

브람스는 당시 대가인 슈만의 음악에 큰 감동을 받았어요. 브람스는 수줍음 많고 무뚝뚝한 성격이었어요. 음악에서도 형식미를 중시하고 낭만적이고 감성적인 표현을 싫어했어요. 당시 음악계 주류였던 낭만주의 음악과는 맞지 않았지요. 브람스는 고전주의적인 형식미를 추구했어요. 낭만주의 시대를 살았던 고전주의자인 거죠. 브람스는 슈만을 찾아갑니다. 슈만한테 많이 배우지요. 슈만도 브람스를 높게 평가해 자신의 음악 잡지 〈음악신보〉에 브람스를 극찬하면서 무명 음악가이던 브람스를 널리 알리게 됩니다. 브람스의 사진을 보면 멋지게 수염을 기른 모습이 인상적이에요.

무명 개그맨 후배를 선배 개그맨이 《개그콘서트》 같은 무대에 세워주는 것처럼 브람스도 그렇게 알려지게 된 거예요. 그럼 후배는 얼마나 선배가 고맙겠어요. 개그맨 후배가 그런 선배를 챙기듯이 슈만은 “스승님, 식사하셨습니까?”, “형수님, 식사하셨어요?”, “제가 가서 식사 준비

클라라 슈만(Clara Josephine Schumann, 1819~1896)

할까요?" 하고 슈만 부부를 따르게 된 거예요. 그러면서 깊은 음악적 교류를 하게 되지요. 하지만 슈만은 브람스를 만난 지 5개월 뒤인 1854년 2월 라인강에 뛰어들고 구조되었지만 정신병원에서 생을 마감합니다.

슈만의 부인 클라라는 뛰어난 피아니스트였어요. 예쁜 외모와 뛰어난 실력으로 인기가 많았지요. 브람스는 스승의 아내를 짝사랑하게 됩니다. 편지에 14살 연상인 클라라에 대한 사랑을 표현한 적은 있지만 평생 선을 넘지는 않았어요. 하지만 슈만이 죽은 후 클라라는 아이들을 키우기 위해 생계를 책임져야 했고 연주회로 너무 바빠 다른 건 생각할 겨를이 없었어요. 브람스는 슈만이 죽고 9년 동안 스승의 아내를 곁에서 지킵니다. 극진하게 내조한 거지요. 클라라가 연주회로 집을 비우면 대신 아이들을 돌볼 정도였어요. 결혼도 안 하고 작곡해서 번 돈도 갖다주면서 그렇게 보살핀 거예요. 브람스 하면 스승을 극진히 챙기고, 스승이 죽고 나서는 스승의 부인을 9년 동안 챙긴, 우직한 남성의 대명사입니다.

첫 공연의 기억,
비제 〈카르멘〉

사랑을 갈구할 때 어떤 곡이 좋을까요? 저는 〈하바네라〉를 추천하고 싶어요. 오페라 《카르멘》에서 아름답고 매력적인 집시 여인 카르멘이 남자를 유혹할 때 부르는 아리아입니다. 많은 광고 음악에 나왔던 유명한 음악이에요. 무슨 뜻인지 모르고 들었던 분들이 많을 텐데 가사는 "나는 길들지 않을 거야. 내가 좋아하게 된다면 조심해야 할 거야" 하는 내용입니다.

10여 년 전쯤 누가 저를 찾아왔어요. 예전에 개그 프로에서 지휘했던 걸 기억하고 찾아온 거예요. 공연장에서 하는 음악회에서 해설을 해 달라고 했습니다. 지휘 개그를 했었으니까 클래식을 해설하면 재미있을 것 같았나 봐요.

대본은 뻔한 내용이었습니다.

"차이콥스키의 《호두까기 인형》을 함께하시겠습니다. 크리스마스 이브 때 벌어지는 생쥐들의 공격을 받은 마리아가 오빠와 함께 요정의 나라로 출발하는 내용입니다. 박수 치세요."

그런데 저는 여기에 살을 붙여서 더 재미나게 했어요. 공연이 끝나고 마지막에 "앵콜" 그러는데 예전에 개그했던 것처럼 지휘도 해줄 수 있냐는 거였죠. 저는 너무 좋아서 속으로 "땡큐!" 하고 평생 처음으로 지휘를 했어요. 평생 해 보지 못했던 지휘를 직접 하게 된 거예요. '이 꿈은 못 이루겠지' 했던 꿈을 이룬 거죠. 〈카르멘 서곡〉을 지휘하는데 잘 안 맞는 거예요. 제가 알고 있는 곡이랑 달랐던 거죠. 편성에서 차이가 있었던 거예요. 제가 들었던 곡은 베를린 심포니 같은 곡인데, 베를린 심포니는 80명이거든요. 그런데 인원은 40명에 템포는 원래 지휘자에 맞춰져 있어서 지휘를 할 수가 없는 거죠. 그러니까 쉽게 말해 음악에 제가 맞춘 거예요. 원래는 지휘자에 연주를 맞춰야 하는데 지휘가 음악에 맞춘 거죠. 처음에는 그렇게 시작했어요. 음악에 맞춰서 지휘하는 거죠. 그러다가 점점 경험이 쌓이면서 제가 한 템포 먼저 이끌 수 있게 되고 제가 '빠밤' 하면 오케스트라가 '빠밤' 하게 된 거죠. 그때 전광석화처럼 번쩍한 거죠.

'이게 지휘구나.'

몇 년 만에 무대에 서서 지휘했는데 모두 놀랐어요. 관객들도 예상치 않았고 오케스트라도 제가 이렇게 곡을 외우고 있을 줄 몰랐던 거죠. 대충 지휘 동작만 흉내 낼 줄 알았던 거예요. 그런데 엇비슷하게 맞춰

가니 오케스트라가 깜짝 놀랐어요. 그동안 방송하면서 돈 많이 벌었던 때도 이 정도로 기쁘지 않았는데, 카타르시스를 쫙 느낀 거예요.

비제의 모음곡 〈아를의 여인〉도 유명하고 곡이 기가 막힐정도로 좋아서 제가 즐겨 지휘하는 곡입니다.

비제의《카르멘》은 전 세계에서 가장 많이 상연되는 오페라지요. 비제는 1838년에 태어나서 1875년에 사망합니다. 1875년 3월 3일에《카르멘》을 초연해요. 당시 대중들의 반응은 좋지 않았어요. 왜 그랬을까요? 하류 계층 여자인 카르멘이 주인공인데 살인으로 끝나는 내용이 당시 대중들에게는 호감을 일으키지 못한 거예요.

1875년 3월 프랑스 파리의 오페라 코미크 극장에서《카르멘》이 초연되는데 비평가들과 대중의 반응은 비난뿐이었습니다. 여주인공 카르멘의 자유분방한 성격과 살인으로 끝나는 결말은 부도덕하다는 거였죠. 소위 말해 그 시대의 막장 드라마였던 거예요. 비제는 이 작품을 발표하고 석 달 후 1875년 6월 3일에 갑자기 죽게 됩니다. 36세의 젊은 나이에 말이에요. 비제가 심혈을 기울여 쓴 작품인 만큼 죽기 전에《카르멘》이 성공하는 모습을 봤으면 좋았을 텐데 아쉬울 따름입니다.

스페인 세비야 거리에서 근무하는 하사관 돈 호세는 어머니의 뜻대로 고향에 있는 미카엘라와 결혼을 약속합니다. 어느 날 담배 공장에서 일하는 집시 여인 카르멘이 동료와 싸우고 감옥에 가게 되어 돈 호세는 그녀를 호송하게 됩니다. 카르멘은 돈 호세를 유혹해 도망가고 돈 호세는 카르멘을 대신해 감옥에 들어갑니다. 감옥에서 나온 돈 호세는 카르멘을 찾아가지만, 그녀의 마음은 전과 달라져 있습니다. 투우사 에스카밀로를 사랑한다고 말하는 카르멘에게 분노한 돈 호세는 투우장에서 카르멘을 칼로 찌릅니다.

프랑스 작가 프로스페르 메리메가 발표한 소설《카르멘(1845년)》을 원작으로 한 작품이에요. 당시 최하층 노동자이자 집시 여성 카르멘의 강한 캐릭터를 관객들은 받아들이지 못했고, 집시들의 문화와 살인으로 끝나는 결말은 비호감이었습니다. 비제는 죽기 전날에 빈에서 열릴《카르멘》공연 계약서에 사인했습니다. 파리에서는 실패했지만 빈에서는 성공할 거라고 믿었어요. 그의 예상은 적중합니다. 빈에서의 대성공 이후 지금까지도 세계 오페라 공연장에서 가장 많이 연주되는 작품 중 하나가 됩니다.

"사랑은 길들여지지 않는 새처럼 누구도 길들이지 못해. 아무리 불러도 소용없어. 협박도 하소연도 그를 움직일 수 없어……. 당신이 나를 사랑하지 않아도 나는 좋아해. 내가 좋아하게 되면 조심해야 할 거야."

개그맨과 지휘자,
말러 〈천인 교향곡〉

말러는 오스트리아의 작곡가 겸 지휘자입니다. 살아 있을 때는 뛰어난 지휘자로 알려졌고 죽은 후에 작곡가로 인정받았어요. 후기 낭만주의의 대표적인 교향곡 작곡가로 인정받고 있습니다. 오페라 극장 비수기인 여름철 휴가 기간에는 늘 작곡에 전념해 교향곡과 가곡 등을 작곡합니다. 말러는 작곡가를 하기 위해 지휘자를 했던 사람이에요. 하지만 그의 곡은 살아 있을 때 별로 주목받지 못하고 거의 연주되지 않았습니다. 그의 교향곡에 대해 알 수 있는 이야기가 있어요.

“가장 많은 사람이 무대에 등장하는 곡이 뭐예요?” 하는 질문을 받을 때가 있습니다. 가장 많은 사람이 등장하는 곡은 말러의 〈천인 교향곡〉입니다. 왜 〈천인 교향곡〉일까요? 맞습니다. 천 명이 등장하기 때문에 〈천인 교향곡〉입니다. 말러는 이렇게 스케일이 큰 곡을 많이 작곡했어요. 〈천인 교향곡〉의 연주자 구성은 이렇습니다. 합창단이 858명, 오케스트라가 171명이에요. 오케스트라는 일반적으로 80명이 풀 편성인데, 그 2배의 수로 구성을 한 거예요. 오케스트라와 합창단을 합하면 1,029명이지요. 거기에 지휘자 1명을 더하면 1,030명이에요. 그래서 〈천인 교향곡〉이라 합니다. 말러의 '교향곡 8번'이에요. 1900년에 작곡했습니다.

한국과 일본에서만 〈천인 교향곡〉이라고 불린다는 거 알아 두세요. 그 외 국가들에서는 〈말러의 심포니 8번〉입니다. 말러의 이런 대작은 베토벤의 영향을 받은 거예요. '나는 더 많은 사람을 넣어서 작곡해야지' 한 거지요. 사실 이 정도로 대규모 오케스트레이션을 짜서 교향곡을 작곡했다는 건 정말 대단한 일입니다.

개그맨 박명수와는 MBC 공채 개그맨 시절부터 함께한 30년 지기 친구입니다. 명수와는 신기한 공통점 때문에 친해졌어요. 방송국에서 일할 때 현금인출기에서 현금을 찾느라고 비밀번호를 누르는데 옆에서 보던 명수가 깜짝 놀라는 거예요. 알고 보니까 비밀번호가 똑같았던 거죠. 명수는 제가 자기 카드를 가져간 줄 알고 놀랐다더군요. 이것 말고 공통점이 또 하나 있습니다. 명수는 개그맨이자 DJ로 활동하고 있어요. 저는 개그맨이자 지휘자로 활동하고 있고요.

한때 지휘와 개그 비중 80:20인 적이 있었습니다. '나는 웃기는 사람이 아니야. 진지한 사람이 돼야 해' 하고 생각했던 때였지요. 작가들이 저를 섭외하려다가도 "김현철은 지휘만 한대" 하니까 점점 일이 줄어드는 거죠. 개그맨의 피와 지휘자의 피가 반반씩 흐른다는 걸 알게 된 이제는 무게감을 내려놓고 두 가지 일을 즐기려고 합니다. 그러면서 이제는 방송과 지휘 일이 50:50 정도 되었어요.

혹시 지휘자로 전향한 건지 오해하시는 분들이 계실까 봐 여기서 밝힙니다. 개그맨 정상 영업 중이고 언제나 섭외를 기다리고 있습니다. 단지 찾는 곳이 없어 못 나가고 있을 뿐 저의 기본, 뿌리는 개그맨입니다. 늘 섭외를 기다리는데 이왕이면 클래식 이야기를 할 수 있으면 좋겠지요.

"김현철은 지휘자 하려고 개그맨 했던 사람이다."

누가 그랬어요. 맞는 말이에요. 개그맨 하면서 대중들에게 많이 알려져서 지휘를 시작할 수 있었던 거죠. "나이 먹고 일 없으니까, 인기 떨어지니까 그렇게 돈 벌려는 거냐" 어떤 분은 그렇게 말합니다. 그런데 클래식이라는 분야는 단기간에 할 수 없어요. 몸에 배어 있어야 하는 거죠. 지휘를 시작하고 10년 동안이나 유지할 수 있었던 건 어릴 때부터 40년 넘게 저장해 온 레퍼토리가 원동력이 되었기 때문이에요.

♭ 악보를 볼 줄 모르는 지휘자

이제는 악보를 볼 줄 알지만, 처음엔 악보도 볼 줄 몰랐어요. 그래서 지휘 연습할 때 사실 소통이 어려워요. 국어 시간에 선생님이 "교과서 47페이지 읽어!" 이래야 하잖아요. 저는 교과서가 없고 그 단락이 틀린 줄은 알지만 몇 쪽인 줄을 모르는 셈이에요.

하루는 오케스트라 단원들과 연습을 하는 중이었어요. 틀린 부분이 들려서 잠시 연습을 멈췄지요.

"바이올린만 한번 다시 해 봅시다."

단원들은 어디인지 몰라 두리번두리번합니다.

"60마디쯤 될 거예요."

60마디를 찾기 위한 단원들의 노력이 시작됩니다. 너무 답답한 나머지 "중간에 슬픈 부분 없어요?"라고 한마디 덧붙였어요. 그 부분을 찾았는지 다시 연주가 시작되었어요. '아, 이게 아닌데……' 싶어 다시 연습을 멈췄습니다. 말하는 사람도, 보는 사람도 모두가 답답한 상황이었지요. 갑자기 더워져 겉옷을 벗었습니다. 결국 제가 원하는 구간을 못 찾아 "처음부터 다시 하시죠" 하고 처음부터 다시 했어요. 그 후 희한하게도 "거기서부터 다시 합시다" 하면 연주자들이 몇 마디인지 찾아내 그 구간부터 할 수 있게 됐어요. 가끔 이럴 때도 있습니다. 공연 연습을 하다 잠시 멈추고 어느 부분인지 찾아야 할 때 '김현철의 유쾌한 오케스트라'의 권오현 악장이 어디인지 찾아 단원들에게 일러줍니다. 제 의사소통을 도와주는 통역사인 셈이지요.

어떤 분들은 악보를 어떻게 외우냐고 묻습니다. 그냥 노력할 뿐입니다. 계속 주기적으로 반복할 뿐인 거죠. 그리고 아무도 못 알아보는 저만의 악보를 만듭니다. 음표들과 기호가 가득한 악보입니다. 예를 들어, 첼로는 ca, 비올라는 ba…… 이렇게 표기하는 거죠. 수백 번, 수천 번 들으니까 몸에 배어 있어요. 절대음감은 아니고 상대음감이에요. 상대가 있어야 알 수 있거든요. 40년을 들었는데 못 외우면 그게 이상한 거죠.

체코의 영웅이 된 보헤미아 소년,
드보르자크 '신세계 교향곡'

'집시' 하면 뭐가 떠오르나요? 집시, 보헤미안은 떠돌아 다니는 사람들로 알려졌지요. 체코에 가면 서부 지역을 '보헤미아'라고 부릅니다. 체코 보헤미아 지방에 유랑 민족인 집시가 많이 살고 있었어요. 프랑스 사람들이 집시를 '보헤미안'이라고 부른 데서 유래된 말입니다.

압구정 오렌지족 기억나세요? 1990년대 압구정동에서 많이 볼 수 있었던 강남의 부잣집 자녀들을 '오렌지족'이라고 했었죠. 외국에 유학 갔다 온 사람들이 대부분이라 오렌지족이라 이름 붙인 거예요.

드보르자크의 아버지는 여관을 했습니다. 숙박업을 오늘날처럼 허가받고 하는 게 아니었어요. 슈퍼마켓 같은 거였죠. 슈퍼에 왔다가 먹고 자면 그냥 숙박업인 겁니다. 그 옆에 정육점을 같이 했어요. 양 키우고, 돼지 키우니까 잡아서 팔면 정육점인 거예요. 드보르자크는 체코 사람이에요. 보헤미안들이 숙박하러 이곳으로 오는 거죠. 옛날에는 지금처럼 텔레비전이나 휴대폰도 없는 시절이지요. 놀거리가 뭐 있나요? 불 피워 놓고 물 끓여 놓고 앉아서 기타 치고 그러면서 노는 거지요. 어린 드보르자크는 이런 영향을 받았어요. 보헤미아 지방의 집시들이 왔다 갔다 하며 노래하고 먹고 자고 기타 치고 그런 걸 보면서 음악적인 영향을 받았던 거예요. 민속 음악을 익힌 거지요. 어린 시절 체코의 민속 음악에 눈을 뜬 드보르자크는 음악학교를 졸업하고, 국민극장의 전속 오케스트라에서 10년간 일했어요. 브람스의 소개로 드보르자크의 작품들이 알려지면서 세계적인 명성을 얻지요.

1892년에는 뉴욕의 국민음악원 원장으로 초빙되었어요. 세계적인 음악가로 인정받은 드보르자크는 끝까지 체코인으로서의 정체성을 잃지 않았어요. 미국에 있는 동안 고향에 대한 향수를 느낀 드보르자크는 인디언, 흑인 음악에 공감했어요. 그런 영향으로 〈신세계로부터〉, 〈아메리카〉 등을 작곡했지요. 드보르자크는 체코의 민족 음악을 국제적으로 만들었어요. 드보르자크는 체코의 영웅이 되었고, 1904년 그의 장례식은 국장으로 치러졌어요.

♭ 오싹오싹 클래식

안토니 드보르자크의 〈신세계 교향곡〉입니다. 많이 들어본 이름 아닌가요? 유명한 백화점 이름과 같지요. 드보르자크가 유학길에 광활한 미국의 대도시를 보면서 작곡한 작품이에요. 흑인 영가, 인디언 음악, 보헤미안 음악이 모두 섞여 있는 곡이지요. 4악장은 너무나 유명한 영화《죠스(1975년)》의 배경음악입니다. 브람스가 작곡하는 것도 도와주고 출판도 도와주었어요. 브람스는 털이 북슬북슬해서 인상이 참 좋은데, 그런 인상처럼 인성도 좋았던 것 같아요.

지난해 여름 처음으로 공포와 클래식을 결합한 공연을 시도했습니다.《김현철의 오싹오싹 클래식》이라는 제목으로 공포 분위기의 곡들을 모아서 연주했습니다. 공연 중간에 무대와 객석에 숨어 있는 유령과 귀신을 찾아가는 연출을 진행해서 오싹오싹한 분위기를 만들었습니다.

공연이 시작됐습니다. 〈신세계 교향곡〉 앞부분을 연주했어요. "무슨 곡인지 아시겠어요?" 하고 객석을 향해 물었습니다. 당연히 영화《죠스》를 생각하고 물었는데 여기저기서 "아기 상어!" 합니다. 어린이 관객들에게는 아기 상어 음악인 겁니다. 하지만 어른들에게는 추억의 곡입니다.《죠스》를 보지 못했더라도 여름이면 생각나는, 아이스크림 죠스바 광고 음악으로 쓰여서 한때 대한민국에서 모르는 사람이 없는 곡이었지요.

영화 OST에서 클래식을 많이 듣게 돼요. 클래식 음악을 가장 많이 쓰는 영화 장르는《죠스》같은 공포 영화일 것 같네요. 공포 영화에서는 클래식 음악을 깔아 관객들의 감정을 끌고 갑니다. 웅장한 클래식 음악이 깔리면서 공포감이 극대화되지요. 클래식을 좋아하는 사람으로서 사이코패스, 범죄자, 악인이 나올 때 클래식이 나오는 게 별로 기분 좋지 않았어요. 그런데 생각해 보면 클래식만큼 강렬한 효과를 줄 수 있는 음악이 뭐가 있을까 싶은 거죠. 영화는 찰나의 예술이잖아요. 찰나의 짧은 순간에 잔혹한 악인을 묘사하기 위해서 언밸런스한 장치가 필요한 거예요.

클래식은 정서적으로 풍부한 감정을 느끼게 하는 음악인데 클래식 음악을 깔고 살인하는 장면이 나오니 관객 입장에서는 충격이죠. 비주얼, 음향…… 짧은 순간에 공감각적으로 강렬함을 줄 수 있는 거죠. 락 음악이 나온다고 상상해 보세요. 그런 강렬함은 덜하지 않을까요? 잔혹한 범인이 잔잔한 클래식이 들리는 가운데 사람을 죽이는 장면, 클래식은 공포가 극대화되는 극적인 효과를 위한 선택입니다.

《위험한 정사》라는 영화가 있습니다. 마이클 더글러스와 글렌 클로스가 나오는 영화입니다. 1988년 영화니까 제가 고등학교 때 나온 영화예요. 변호사 마이클 더글러스가 파티에서 만난 글렌 클로스와 하룻밤을 보내게 됩니다. 하지만 가벼운 만남으로 생각했던 남자와 달리 여자는 그에게 집착하기 시작합니다. 남자가 "이제 그만 만나자" 하니 이제부터 여자의 복수가 시작되는 거예요. 자동차를 고장 내고, 키우던 반려동물을 죽이고…… 여자가 그런 일을 하는 장면에 꼭 클래식이 깔립니다. 30년이 지난 지금도 생생하게 기억나는 장면들이에요. 지금까지 그 영화의 장면들을 기억하는 건 클래식 음악이 있었기 때문이 아닐까요?

I want comfort you,
파헬벨 〈캐논 변주곡〉

캐논은 쉽게 말하면 돌림노래입니다. 모방을 통한 작곡기법이에요. 가장 대표적인 예가 돌림노래지요. "퐁당퐁당 돌을 던지자, 퐁당퐁당 돌을 던지자, 퐁당퐁당 돌을 던지자" 기억나시나요? 캐논 하면 떠오르는 곡도 마찬가지입니다. 1번 바이올린이 연주하고, 다음으로 2번 바이올린이 연주하고, 다음으로 3번 바이올린이 연주합니다.

원곡 제목은 〈세 대의 바이올린과 통주저음을 위한 캐논과 지그, D장조〉입니다. 캐논은 파헬벨의 특정 곡 제목이 아니라 음악 기법인 거죠. '변주곡'은 하나의 주제 등을 반복하는데 변화를 주는 것을 말해요. 반복하면서 조금씩 다르게 연주하는 거죠.

요한 파헬벨의 〈캐논 라장조〉는 캐논 형식의 곡 중에 가장 유명한 곡이에요. 지금의 유명세와는 달리 캐논은 파헬벨이 죽고 오랫동안 묻혀 있게 됩니다. 당시 바로크 음악들이 대부분 그랬지요. 바흐와 헨델의 곡도 사후에 한동안 잊혔습니다. 파헬벨의 캐논이 알려진 건 20세기로 얼마 안 되었어요. 이 곡이 유명해진 계기는 1970년 미국의 클래식 라디오 채널에서 들려주고부터인데 이후 영화들에 삽입되면서 대중들에게 알려지고 작곡한 지 300년 만에 폭발적인 인기를 얻게 됩니다. 1982년 조지 윈스턴이 피아노로 연주하면서 대중 매체에 많이 등장하는 곡이 됩니다.

플래시 몹(flash mob)을 아시나요? 불특정 다수의 사람들이 특정한 날짜와 시간, 장소를 정해 모여 미리 약속된 행동을 하고 아무 일도 없었다는 듯이 흩어지는 모임이나 행위를 말합니다. 플래시 몹을 했던 적이 있었어요. 플래시 몹으로 클래식 연주를 했으니 클래시 몹이라 해야 하나.

플래시 몹 공연 날, 저는 불안한 마음에 서울역 곳곳에 흩어져 있는 단원들을 찾으며 "어디 갔어요?", "어디 갔어요? 다"를 무한 반복하고 있었습니다. 리허설을 하면 몰래 할 수가 없어 리허설 없이 오직 한 번에 성공해야 했지요. 공연 시간이 가까워질수록 긴장감도 커졌습니다. 때는 설날이었고, 주변을 둘러볼 여유조차 없이 바삐 어디론가 향해 가는 사람들이 과연 플래시 몹을 좋아하고 호응해 줄까? 걱정이 되었습니다. 사람들은 공연을 위해 서울역 한켠에 놓은 건반과 스피커를 전혀 신경 쓰지 않고 갈 길을 갈 뿐이었어요.

시민들 사이에서 한 여성이 건반 쪽으로 다가갑니다. 공연 시작을 알리는 신호입니다. 그때 첼로의 선율이 들리기 시작합니다. 첼로에 이어 콘트라베이스가 연주를 이어가고…… 어디에선가 등장한 바이올린 3대가 연주를 이어갑니다. 저음의 첼로와 콘트라베이스 위에 바이올린이 선율을 연주하자 사람들이 모이기 시작합니다. 모인 사람들 주위로 점점 더 사람들이 모여들었어요. 어느덧 사람들이 연주자들을 중심으로 원을 그리고 섰어요. 플루트가 나타나 연주하고 마지막으로 팀파니 연주자들까지 오케스트라에 합류했습니다. 아름다운 캐논 변주곡이 흐르고 마지막까지 시민들 틈에 앉아 있던 저는 캐리어를 끌고 연주자들 앞으로 다가갑니다. 저를 발견한 연주자들 얼굴에 미소가 피어납니다. 등장만으로 미소 짓게 하는 존재였지요. 두꺼운 패딩 점퍼를 벗자 지휘복이 나오고 저를 발견한 관객들은 활짝 웃으며 박수를 칩니다.

이때의 영상을 올렸더니 댓글에 '웃기지만 눈물이 난다, 보는 내내 눈물이 났다'는 내용이 많이 올라왔습니다. 영상에는 당시에 보지 못한 그날의 풍경이 담겨 있습니다. 예상하지 못한 장소에서 듣는 클래식 음악은 마음에 위로와 위안을 줍니다. 아름다운 캐논의 선율 때문인지도 모르겠습니다. 뜻밖의 선물을 받은 느낌이었을까요. 보는 관객들 모두 웃음이 가득합니다. 2층에서 구경하는 관객들까지 어느새 수백 명의 관객이 모였습니다. 그 순간을 잊지 않기 위해 기록하는 사람들과 아름다운 하모니에 귀를 기울이는 사람들을 보며 뭉클해졌습니다.

공연이 끝나고 어디선가 꽃다발을 제게 건네주신 분이 계셨습니다.

쑥스러워 "꽃보다는 먹을 것이 좋아요"라고 한마디 했더니 진짜로 빵을 건네는 시민분도 계셨습니다. 사람들 사이에서 웃음이 터져 나오고 정말 행복했습니다. 지휘로 관객들에게 감동과 웃음을 주고 싶은 오랜 꿈을 이룬 느낌이었죠. 오케스트라와 관객이 하나 된 공연을 만들어냈으니까요. 어린 시절 꿈을 이룬 것 같은 느낌이어서 행복했습니다. 이때의 영상을 다시 보는데 갑자기 울컥했어요. 댓글에 40년 동안 지휘하신 한 지휘자분이 '멋진 지휘자로 인정한다. 롱런하라'는 메시지를 남기셨기 때문이죠.

한국인이 비발디를 사랑하는 이유, 비발디 〈사계〉

비발디는 머리카락이 빨간색이었어요. 당시에 빨간 머리는 하나님이 버린 사람이라는 부정적인 낙인이 찍혔지요. 아무에게도 터놓을 수 없는 아픔이었지요. 비발디는 종교적으로 좋지 못한 시선을 받게 한 빨간 머리, 허약한 몸 두 가지의 핸디캡을 가졌어요.

비발디는 1687년생으로 바흐보다 형이에요. 비발디가 바흐보다 10살 정도 위의 사람이지요. 음악계 선배라고 할까요. 바흐가 음악의 아버지라면 비발디는 음악의 큰아버지 같은 사람인 거예요. 아이가 일찍 죽는 일이 흔했던 때라 약하게 태어난 비발디는 교회에서 정식 세례를 받지 못해요. 비발디가 너무 약해 일찍 죽을까 봐 그랬던 거죠.

어릴 적 매우 허약했던 비발디는 하나님이 자신을 살린 것으로 생각해 성직자가 됩니다. 그런데 성직자 활동보다 집에서 바이올린만 켜는 시간이 더 많았어요. 천식이 있었는데 좋아하는 일을 하니까 괜찮았던 거예요. 음악이 주는 힘이지요. 평소 늘 허리가 아픈데 공연하는 날에는 허리가 아프지 않은 것처럼요. 저는 지휘할 때 과격한 편이에요. 한 곡 지휘하면 어깨에 무리가 가서 아파야 하는데 지휘하는 동안에는 신기하게도 아프지 않더라고요.

공연 중에 가장 힘들었던 적은 2018년 부산 공연이었어요. 부산교육청에서 초청한 공연이었는데 부산 지역 초중고 학생들을 모아서 제 공연을 단체 관람한 거죠. 오전에 한 번, 오후에 한 번 3일 동안 6번을 했습니다. 공연을 한 번 할 때 지휘하는 동안 팔을 크게 휘두르고 머리를 흔들다 보면 팔도 목도 떨어질 것 같은 느낌이 들 정도예요. 3일 공연이 끝난 다음 날, 온몸의 피가 다 빠져나간 느낌이었어요. 온몸에 있는 땀을 다 쏟아버려서 입 속에 침도 말랐을 정도였어요. 뼈 마디마디마다 서로 부딪히는 것처럼 너무 아파서 기어가다시피 병원에 갔어요. 주사를 맞고 누워 있으면서 겨우 회복했죠. 공연하는 동안은 박수와 환호에 느낄 수 없었던 아픔이 공연이 끝난 후 한꺼번에 밀려오는 거예요. 전쟁터에 나가 싸우는 군인이 다쳤을 때 진통제를 맞고 통증을 잊은 채 다시 나가 싸우는 것처럼, 오케스트라 앞에 서서 지휘하는 동안은 아프지 않아요.

비발디가 살던 당시 베네치아는 유흥산업으로 번화하게 됩니다. 그러자 베네치아 주변에 많은 고아가 생겨나지요. 교황은 이를 안타깝게 여겼어요. 그래서 비발디가 피에타 고아원에서 아이들을 가르치게 됩니다. 비발디는 소년원 같은 데서 재능기부도 하고 돈도 기부했어요. 베네수엘라에 '엘 시스테마'라는 음악 교육 프로그램이 있었어요. 가난한 아이들을 위한 무상 음악 교육 프로그램이었지요. 비발디가 그런 시도를 한 거예요. 비발디의 시도는 큰 성공을 하게 됩니다. 비발디의 노력 덕분에 피에타 고아원의 음악 수준은 아주 높아졌어요. 피에타 고아원은 외국에도 널리 알려질 정도로 유명해졌지요. 피에타 연주자와 합창단은 전국 순회공연을 다녔어요. 비발디는 이 공연을 위해 많은 곡을 작곡했지요.

비발디는 작곡가로도 인정받아 오페라 작곡가로 큰 인기를 얻습니다. 비발디의 명성은 높아졌고 오페라 작곡가로 아주 성공하게 됩니다. 그런데 1737년 준비했던 공연이 무산되면서 전 재산을 잃게 됩니다. 가난에 시달리던 비발디는 천식이 악화되면서 빈에서 객사합니다. 큰 성공을 했던 음악가의 너무나 불행한 죽음이었지요.

♭ 한국인이 비발디를 사랑하는 이유

간판에서 '비발디'라는 이름 본 기억이 한 번쯤은 있을 거예요. 비발디 파크, 비발디 노래방, 비발디 스키장 등등……. 헨델 노래방, 베토벤 스키장은 없는데 왜 비발디일까요? 한국인이 가장 좋아하는 10대 클래식 안에 비발디의 〈사계〉가 들어가요. 우리나라 사람들은 비발디를 제일 좋아하는 것 같습니다. 가는 데마다 비발디가 보이는 것을 보면 말이에요.

비발디는 500여 곡을 작곡했는데 당시 연주곡들에 주제가 없었던 반면 비발디는 봄, 여름, 가을, 겨울이라는 주제로 작곡합니다. 바로 그 〈사계〉입니다. 이런 곡을 표제음악이라고 해요. 비발디는 바로크 시대를 대표하는 음악가입니다.

비발디는 이탈리아에서 태어났습니다. 이탈리아도 우리와 같은 반도 국가이지요. 그리고 이탈리아에도 우리처럼 사계절이 있어요. 사계절을 협주곡으로 작곡한 게 봄, 여름, 가을, 겨울을 표현한 〈사계〉입니다. 사계절이 있다 보니 계절마다 다른 정서가 있지요. 봄이면 꽃이 피고, 여름이면 비가 갑자기 퍼붓는 장마철이 있고, 가을이면 수확의 계절이라 풍요롭고, 겨울이면 눈보라 치는 추위가 있고요. 그래서인지 우리나라 사람들은 특히 비발디의 〈사계〉를 좋아합니다. 또 비발디 곡은 우울하지 않습니다. 밝고 경쾌한 느낌이지요. 그럼 간판에 비발디가 왜 자주 나올까요? 사계절 놀러 오라고 그런 것이 아닐까요?

김현철이 들려주는
클래식 거장들의 맛있는 이야기

EPISODE 3 브람스&소박한 독일 요리: 비엔나 슈니첼과 맥주 한 잔

요하네스 브람스(Johannes Brahms, 1833~1897)

브람스는 되게 검소한 사람이었어요. 코트도 몇 년씩 입고 다니고, 돈도 아껴 쓰고~ 그래서인지 그는 식사에 있어서는 사치스럽거나 화려한 것을 좋아하지 않았고, 대신 집밥 스타일을 선호했어요. 소시지와 고기 요리를 즐겼으며, 독일과 오스트리아 전통 요리를 사랑했다고 합니다. 브람스는 빈(Wien)에서 살았던 만큼

'비엔나 슈니첼'을 즐겨 먹었어요. 얇게 두드린 송아지고기를 바삭하게 튀긴 요리인데, 맥주랑 먹으면 환상적인 조합이죠!

'소시지와 고기' 하면 빠질 수 없는 게 있잖아요? 브람스는 저녁마다 빈의 작은 술집에서 맥주를 마시는 걸 엄청 좋아했대요. 음악가들과 모여 한잔하면서, "아~ 이 곡은 이렇게 가야 해~" 이러면서 수다를 떨었겠죠? 오늘 저녁은 브람스 음악 들으면서, 맥주 한 잔 캬!

MENU

4부.
사이드 디시

"음악은 말로 할 수 없는 것을
말할 수 있는 유일한 언어이다."

페테르 일리치 차이콥스키(Pyotr Ilyich Tchaikovsky)

핀란드여 일어나라,
시벨리우스 〈핀란디아〉

이 곡은 교향시라고 합니다. 교향곡과 교향시의 차이는 뭐냐고요? 교향곡은 1악장, 2악장, 3악장, 4악장, 5악장…… 어떤 작가는 6악장까지 작곡하는 사람도 있어요. 1악장, 2악장, 3악장 같은 구조로 된 것은 교향곡이고, 1악장으로만 된 것은 교향시라고 합니다. 교향곡이 여러 악장이라면 교향시는 한 악장밖에 없는 거지요. 19세기 중반 헝가리의 작곡가 프란츠 리스트가 교향시라는 말을 처음으로 썼어요.

시벨리우스는 1865년에 태어난 핀란드의 작곡가입니다. 1899년 러시아 황제 니콜라이 2세는 핀란드를 러시아화하려는 정책을 폈고, 핀란드 국민들은 큰 고통을 받게 돼요. 이로 인해 독립운동이 일어나지요. 시벨리우스는 음악으로 항의의 표현을 하기로 합니다. 핀란드의 역사를 다룬 역사극의 마지막 곡으로 〈핀란드여 일어나라〉를 작곡합니다. 러시아의 지배를 받으며 독립하지 못한 핀란드 사람들에게 민족의

식을 고취한 거지요. 이 곡이 〈핀란디아〉의 초기 버전입니다.

핀란드는 13세기부터 덴마크와 스웨덴의 침략을 받았고, 19세기 초까지 스웨덴의 지배를 받았어요. 1808년에는 러시아의 공격을 막지 못해 러시아의 지배를 받게 됩니다. 이렇게 핀란드는 유럽의 국가들로부터 많은 침략을 당했어요. 일본이 중국, 대만, 동남아시아 나라들을 침략했던 것처럼 말이에요. 우리나라의 역사와 닮았지요. 〈핀란디아〉는 핀란드가 러시아의 지배를 받고 있을 때의 곡이에요.

1910년 한일합방 전, 고종 때 일본도 들어와 있고 청나라도 와 있고 이런 때 우리도 "외세는 물러가고 양반들 각성하라!" 외쳤잖아요. 나라에서는 그런 곡을 금지하는 거죠. '새야, 새야, 파랑새야 녹두밭에 앉지 마라' 같은 곡인 거죠. '전봉준 장군님, 위험하니까 도망가세요' 이런 내용인 거지요. 관군들이 오면 백성들이 부르는 겁니다. '녹두꽃이 떨어지면 청포 장수 울고 간다' 하고 위협을 알린 거지요. 〈핀란디아〉도 그런 배경에서 작곡된 곡입니다.

핀란드를 대표하는 작곡가인 시벨리우스가 "핀란드 만세, 핀란드 사람들 힘내요!" 이런 거예요. 작곡을 해서 애국심을 고취한 거죠. 우리에게는 '아아, 대한민국' 같은 곡인데 나라에서 '연주하지 마라, 부르지 마라'라고 하는 겁니다. 핀란드 사람이니까 〈핀란디아〉라는 제목으로 작곡한 거예요. 우리가 '오, 필승 코리아' 하듯이 제목을 지은 거지요.

그러니 당연히 러시아 제국에서 연주를 못 하게 했어요. 그런데 핀란드의 높은 사람들이 '저쪽에서 싫어하니까 하지 마라' 그러니까 핀란드 사람들은 이 곡의 제목을 '즉흥곡'이라고 바꿔서 연주합니다. 핀란드 사람들은 쉬쉬하면서 연주한 거지요. 핀란드 사람들은 이 곡을 연주하며 힘을 내고 용기를 내 마침내 독립하게 됩니다. 제1차 세계대전 이후 핀란드가 독립하고 나서야 이 곡을 당당하게 연주하게 되죠. 〈핀란디아〉의 선율에 가사를 붙인 〈핀란디아 찬가〉는 핀란드 사람들에게 비공식 국가처럼 여겨지는 곡이에요.

시벨리우스의 음악 속에는 핀란드의 자연과 신화가 많이 등장해요. 조국 핀란드를 사랑하는 마음을 담은 곡들이지요. 시벨리우스는 전 국민의 사랑을 받는 국민적인 음악가였어요.

히틀러가 사랑한 음악, 바그너 〈발퀴레의 기행〉

게임을 좋아하시는 분들이라면 귀가 솔깃할 만한 음악이 있어요. 엔씨소프트가 대전 액션 신작 '배틀크러쉬(BATTLE CRUSH)' 론칭을 기념해 OST 'Crush on You'를 발매했어요. 'Crush on You' 앨범에는 이용자가 게임을 하며 들을 수 있는 EDM 장르의 음악 9곡이 수록돼 있어요. 〈베토벤 교향곡 제5번〉, 〈네순 도르마(Nessun Dorma)〉, 〈발퀴레의 기행(Ride of the Valkyries)〉 등 클래식 명곡들을 EDM 장르로 리믹스했죠. 클래식과 EDM의 조합, 어떤가요? 어울리나요? 배틀크러쉬는 다양한 신화를 모티브로 하고 있어 클래식 음악을 가져온 것이에요. 바그너의 〈발퀴레의 기행〉은 배틀크러쉬 OST에 수록된 곡 중 하나입니다.

리하르트 바그너는 1813년 독일 라이프치히에서 태어납니다. 어린 시절 바그너가 음악에 소질이 있다는 것을 알고 부모님은 음악을 가르쳤어요. 그런데 바그너는 청소년기 문학에 빠져 극작가가 되기로 결심해요. 특이하지요? 드레스덴 왕립학교에 입학해 문학 소년으로 지내요. 그러던 어느 날, 바그너는 베토벤의 〈피델리오 서곡〉을 듣고 베토벤의 음악에 빠져듭니다. 이번에는 작곡가가 되기로 결심하고 라이프치히 대학에 들어가지요. 바그너는 문학에 대한 깊은 이해를 바탕으로 음악극을 창시해요. 다른 음악가들과 달리 문학에도 재능이 뛰어난 바그너는《트리스탄과 이졸데》,《니벨룽겐의 반지》,《로엔그린》 등의 오페라 각본을 직접 썼어요.

《니벨룽겐의 반지》는 28년이나 걸려 완성했어요. 그만큼 곡도 길어요. 4부로 구성되어 있는데 각 부가 3시간이 넘습니다. 다 연주하려면 총 13시간 정도 걸려요. 그래서 4일에 걸쳐 연주하거나 한 부만 따로 연주해요. 〈발퀴레의 기행〉은《니벨룽겐의 반지》의 2부 '발퀴레'를 시작하는 곡이에요. 〈혼례의 합창〉과 더불어 바그너의 가장 유명한 곡이지요.

이 곡은 영화《지옥의 묵시록(1979)》에 나오면서 충격을 줍니다. 발퀴레는 날개 달린 말을 탄 전쟁의 여신들이에요. 기행은 말을 타고 달린다는 뜻입니다. 여신들이 죽은 자를 찾으러 전장에 나갈 때 나오는 음악이에요. 영화《지옥의 묵시록》에선 전투 헬기들이 떼를 지어 비행하는 장면에서 이 음악이 나와요.

바그너는 히틀러가 광적으로 좋아한 음악가였어요. 바그너의 음악에 빠진 히틀러는 나치 선동을 위해 바그너의 곡을 자주 사용했어요.

히틀러는 독일 제국의 부활을 꿈꾸었지요. 그래서 독일 민족의 우월성을 강조하기 위해 바그너의 음악을 이용했어요. 나치의 집회나 가두 행진을 할 때 바그너의 음악을 연주하게 했어요. 소름 끼치는 일이지요. 그래서 이스라엘에서는 바그너의 음악을 연주하지 않아요. 바그너는 살아 있을 때에도 그의 음악에 매료된 추종자들이 많았어요. 바그너의 음악에 열광하는 사람들을 '바그네리안'이라 불렀어요. 그들은 바그너의 음악을 광적으로 좋아했어요. 그를 신처럼 떠받들 정도였죠. 바그너는 그들의 우상이었어요. 음악가뿐 아니라 문학가들도 바그너의 음악을 듣고 많은 영향을 받았어요.

루트비히 2세가 세운 바그너 음악극만을 위한 극장은 바이로이트에 있어요. 1876년 완성된 바이로이트 극장에선 지금까지 매년 여름 오직 바그너의 음악만을 연주하는 바이로이트 음악 축제가 열립니다.

전쟁을 멈춘 음악,
헨리 비숍 〈즐거운 나의 집〉

〈즐거운 나의 집〉을 한번 들어볼게요. 원제는 '홈 스위트 홈(Home! Sweet Home)'이에요. 음악 시험에 나오는 단골 곡이었어요. 지금도 초등학교 음악 교과서에 실려 있어요. '즐거운 나의 집'은 영국의 작곡가 헨리 비숍이 작곡하고 미국의 극작가이자 배우인 존 하워드 페인이 작사하여 만든 가곡입니다. 교과서에 실린 가사는 한국어로 김재인이 번역한 가사예요.

즐거운 곳에서는 날 오라 하여도 내 쉴 곳은 작은 집 내 집뿐이리.

내 나라 내 기쁨 길이 쉴 곳도

꽃 피고 새 우는 집 내 집뿐이리.

오~ 사랑 나의 집

즐거운 나의 집 내 집뿐이리.

(중략)

가정의 달 5월에 많이 들리는 곡이지요. 미국 사람들이 사랑하는 곡 중 하나이자 세계적인 명곡이에요. '즐거운 나의 집'은 작곡이 먼저 되고 작사는 나중에 되었어요. 오페라《클라라, 밀라노의 아가씨》에 나온 곡을 하워드 페인이 편곡해서 가사를 붙인 거예요. 그리고 이 곡은 발표한 후에 미국에서 널리 유행하지요. 처음에는 잘 알려지지 않았다가 1823년 오페라《클라라, 밀라노의 아가씨》에 가사가 소개되면서 대중들에게 큰 사랑을 받게 됩니다. 존 하워드 페인은 평생 결혼하지 않고 집도 없이 떠돌았는데요. 고향의 부모 형제를 그리워하며 가사를 썼습니다.

노래가 히트하면서 'Home Sweet Home'이라는 문구가 인기였어요. 이 곡은 영화 등에도 널리 쓰였는데《오즈의 마법사(1939년)》,《반딧불의 묘(2014년)》 등에도 쓰였지요. 초인종, 휴대폰 컬러링, 자장가로도 쓰일 정도로 유행했어요.

〈즐거운 나의 집〉이 남북전쟁에서 불렀던 일화도 있습니다. 북부연합군 1만 2천 명과 남부동맹군 5천 명의 사상자를 낸 버지니아주의 레파하노크 리버 전투에서였습니다. 양쪽 군사들은 강을 사이에 두고 맞섰습니다. 낮엔 서로 공격하고 전쟁을 벌였지만 매일 밤이면 군인들의 사기를 높이기 위해 음악회가 열리곤 했습니다. "북군 힘내세요!", "남군 힘내세요!" 한 거지요.

어느 날 북군에서 〈Home Sweet Home〉을 연주합니다. 구슬픈 하모니카 연주는 군인들의 가슴을 적십니다. 그러자 남군에서도 같은 노래를 연주합니다. 음악 소리에 고향을 그리워하던 군인들은 밖으로 나와 한목소리로 노래를 불렀습니다. 음악은 강 건너 남군에게까지 전해졌어요. 고향, 가족을 그리워하던 군인들은 적이란 사실을 잊고 얼싸안고 눈물을 흘렸습니다. 그리고 〈Home Sweet Home〉을 합창하지요. '같은 동포끼리 왜 싸워야 하냐, 우리는 형제 아니냐' 하면서 24시간 휴전하기로 합니다.

하워드 페인은 "나는 모든 사람에게 가정이 주는 행복과 기쁨의 노래를 만들었다. 하지만 정작 나에게는 집이 한 번도 없었다"라고 했습니다. 집이 없다 보니 가정이 주는 소중함을 일깨워 주고자 만든 곡이었지요. 아이러니하죠?

작사가인 하워드 페인과 달리 작곡가 헨리 비숍은 69세까지 영국에서 평온한 삶을 살았어요. 여러 극장의 작곡가, 지휘자로 일했고 옥스퍼드대학 등에서 교수로 학생들을 가르쳤어요. 1842년에는 기사 작위까지 받은, 부와 명예를 누린 삶이었지요.

조선에서 순교한 신부,
구노 〈아베 마리아〉

〈아베 마리아〉는 많은 사람이 작곡한 곡입니다. 슈베르트도 작곡했어요. 그런데 여러 〈아베 마리아〉 중에 우리나라 역사와 관련된 곡이 하나 있습니다. 조선에 가서 선교 활동을 하다 순교한 신부를 기리기 위해 구노가 작곡한 〈아베 마리아〉입니다. 구노는 1818년에 태어나 1893년까지 살았으니 그리 오래전 사람은 아니에요.

한때 성직자를 꿈꿨던 독실한 가톨릭 신자인 구노는 종교적인 음악을 많이 작곡해요. 〈아베 마리아〉는 바흐의 《평균율 클라비어 곡집 1권》 중 C장조 전주곡(BWV 846)에 샤를 구노가 멜로디를 입히고 가톨릭 기도문인 성모송 가사를 붙인 거예요. 바로크 음악과 낭만주의 음악이 만난 것이지요. 구노의 〈아베 마리아〉는 경건하면서 예술성이 높아 종교 행사, 결혼식, 장례식 등에서 자주 사용돼요. 1859년 처음 공개된 〈아베 마리아〉는 초연 때부터 큰 인기를 끌었어요. 경건하고 아름다운 곡은 많은 사람에게 감동을 주었고 종교 음악의 대표곡으로 자리 잡습니다.

앙베르 신부는 구노의 친구였어요. 구노는 음대에, 앙베르는 신학교에 진학함으로써 둘은 헤어지게 돼요. 세월이 지나 구노는 앙베르에게서 '중국으로 선교를 갔다가 다시 조선 땅으로 선교를 간다'는 연락을 받게 되지요. 당시 조선은 죽음의 땅으로 불렸어요. "조선이 도대체 어디냐" 하고 물으니 "일본 옆에 있는 나라인데 가면 죽을 수도 있대. 내겐 천주님이 있으니까" 그러면서 간다는 거예요. 구노는 친구가 무사히 돌아오기를 간절히 기도하지만, 앙베르 신부가 조선에서 순교했다는 소식을 듣게 됩니다. 1866년 병인박해 때 참수된 거예요. 구노는 친구를 그리워하며 곡을 만드는데 바로 이 곡이 〈아베 마리아〉입니다.

조선 시대 고종 때 일입니다. 조선은 1866년 천주교를 불법으로 규정하지요. 천주교를 믿는 사람들을 체포하기 시작해 1871년까지 8천여 명을 처형합니다. 이때 프랑스 선교사들도 처형됩니다. 병인박해라 하지요. 그러자 프랑스 본국에서 쳐들어온 거예요. 실은 조선의 문호를 개방하려는 목적이었죠. 흥선대원군은 프랑스군을 물리치고 쇄국 정책을 펴게 돼요. 이를 병인양요(1866년)라 합니다.

가브리엘 로브의 《미션》이라는 영화가 생각나네요. 18세기 남아메리카에서 선교하는 선교사들의 이야기예요. 예수회 선교사들은 남미 정글에서 선교 활동을 하며 과라니족이라는 원주민들과 함께 지내게 됩니다. 당시 남미는 포르투갈 식민 지배를 받고 있었어요. 포르투갈은 원주민을 쫓아내기로 하는데 선교사들은 떠나지 않고 이에 맞서지요.

공격이 시작되고 선교사들은 모두 순교하고 맙니다.

영화《미션》에서 큰 감동을 주는 건 OST입니다. 〈가브리엘의 오보에〉가 잔잔하게 흐르며 감동을 더합니다. 들으면 다 알 수 있는 곡이에요. '넬라 판타지아……' 하고 나중에 가사를 붙여 더 유명해졌지요.

구노의 친구가 아니라 다른 신부였다는 이야기도 있습니다. 천주교 교구에서는 구노가 친구뿐 아니라 조선에서 순교했던 여러 신부의 영혼을 달래기 위해 이 곡을 만들었다고 봅니다. 구노를 기리는 곡이거나 여러 신부를 기리는 곡이거나 모두 아름다운 곡이라는 사실은 틀림없지요.

폴란드에 묻힌 심장,
쇼팽 〈영웅 폴로네즈 Op.53〉

폴란드의 피아니스트이자 작곡가인 프레데리크 쇼팽의 곡입니다. 폴란드 전통 음악과 민족적 정서를 작품에 녹여냈어요. 쇼팽의 폴로네즈가 유명한데, 그중 〈영웅 폴로네즈 Op.53〉는 폴란드의 자유와 독립에 대한 열망을 표현합니다. 폴란드는 1759년부터 러시아, 프로이센, 오스트리아의 지배를 받았어요. 러시아의 니콜라이 1세는 폴란드의 헌법을 폐지하고 폴란드를 러시아의 영토로 삼았지요. 쇼팽의 음악은 폴란드 국민들에게 큰 자부심을 안겨주었어요.

쇼팽은 평생 4곡에 달하는 폴로네즈를 작곡합니다. 폴로네즈는 궁정용 무곡 형식이에요. 쇼팽은 어린 시절 폴란드 시골 사람들의 춤과 노래에 깊이 빠져들었어요. 폴란드 민속 음악이 쇼팽의 작품 곳곳에 녹아 있지요. 쇼팽의 곡 덕분에 폴란드의 춤곡 마주르카와 폴로네즈는 폴란드에서만 들을 수 있는 민속 음악이 아니라 어디서든 들을 수 있는 음악이 됐어요.

쇼팽에게는 폴란드, 프랑스, 러시아 제국 3개의 국적이 있었어요. 20살부터 세상을 떠날 때까지 프랑스에서 살면서 폴란드를 평생 그리워했어요. 쇼팽은 고국 폴란드를 정말 사랑했습니다. 그래서 쇼팽은 심장을 고국 폴란드에 묻어 달라는 유언까지 남깁니다. 심장이라도 고국에 묻혔으면 하는 마음이었겠지요. 얼마나 고국을 그리워했는지 알 것 같습니다. 그의 유언대로 그의 심장은 폴란드 바르샤바의 성십자가교회에 안치됐습니다.

저는 애국심을 담은 곡들을 좋아합니다. 지휘를 위한 사무실 책상 위에는 태극기가 놓여 있습니다. 애국심을 담은 곡에 끌리는 건 왜일까요. 어릴 때 일제 강점기 노래들을 많이 들어서인지, 대학 때 했던 연극 때문인 건지 아무튼 애국심을 담은 곡들에 끌립니다.

서울예전 연극과에 다닐 때 말 더듬는 연기를 너무 잘해서 뜻밖에 연기를 잘한다는 소리를 들었어요. 대학 때 동아리, 그때는 서클이라고 했죠. '만남의 시도'라는 동아리를 만들었는데, 주로 마당극을 했어요. 사실주의 연극은 무대를 사실적으로 만들어야 하는데, 그럴 만한 형편이 안 되니 마당극을 주로 한 거죠. 마당극에서는 시골집이라고 상상하고 연기를 하면 시골집이고, 시장이라고 상상하면 시장이고 그랬거든요. 학교 연극에서 하는 사실주의 연극은 대사를 빨리 해야 하는데, 잘 안 맞는 거죠. 빠르게 하는 대사가 잘 안 되니까 점점 말이 없는 역할로 밀렸어요. 그러다 대사 없이 리액션만 하게 됐죠. 동아리에서는 마당극을 했는데, 배경이 주로 일제 강점기, 주인공은 시골 농부였어요. 사투리 쓰면서 느릿느릿하게 하는 대사가 많은 역할이었지요. 지문에 이렇게 쓰여 있는 거예요.

#장면 1

일본 순사가 소를 데리고 간다. (급하게 말을 더듬으며)

"왜, 왜, 왜 이래유. 우리 소 왜 데려가는 거예유?"

그런데 진짜 자연스러운 생활 연기가 나온 거죠. 관객들이 잘한다고 기립박수치고 환호할 정도였어요. '소를 빼앗긴 심정을 어떻게 저렇게 감정 이입이 돼서 잘하냐' 하고 깜짝 놀란 거죠. 그러다 보니 학교 연극은 상대적으로 두각을 나타내지 못하고 동아리에서 하는 연기는 정말 찰지다는 칭찬을 받았어요. 동아리 회장이어서 주인공 역할을 하는데, 엘리트 역할은 안 하는 거죠. 엘리트 역할이었으면 안 어울렸을 거예요. 그때 했던 극에서 개장수, 엿장수, 노역자, 힘든 사람들을 연기하니 저랑 너무나 잘 맞았던 거죠. 주인공을 할 운명은 아니었나 봐요.

이란과 마라톤, 차이콥스키 〈1812년 서곡〉

총 쏘고 대포 쏘고 그런 곡이에요. 실제 악보에 총소리, 대포 소리가 들어갑니다. 야외에서 연주할 때는 진짜 대포를 쏘기도 해요. 실내에서 연주할 때는 컴퓨터로 소리를 내거나 큰 드럼으로 연주해요. 1812년에 러시아가 유일하게 나폴레옹 군대를 물리친 것을 기념하는 곡입니다. 나폴레옹이 알프스를 넘어온 거예요. 그런데 추위와 굶주림에 시달린 거죠. 러시아가 퇴각하면서 모든 걸 불태워 버립니다. 쌀, 곡식 다 불 질러 보급을 차단하면서 물러나는데 프랑스 군대는 추위와 굶주림, 질병 때문에 진 셈이에요.

이 곡은 구세주 그리스도 대성당 완공 기념식을 위해 작곡됐어요. 알렉산드르 1세가 1812년 모스크바에서 나폴레옹을 물리친 것을 기념해 만들기 시작했어요. 당시 차르였던 알렉산드르 2세는 1881년으로 예정된 구세주 그리스도 대성당의 완공식을 기념할 음악을 차이콥스키에게 부탁했어요. 차이콥스키는 의뢰를 받아들여 1880년 10월 중순부터 11월 초순에 걸쳐 약 6주 만에 곡을 완성했어요. 대단하지요? 돈을 받고 차이콥스키가 작곡한 건데, 차르의 의뢰였으니 아마 거절할 수 없었겠지요.

러시아 입장에서는 기쁜 곡이지요. 특히 연말 연초에 이 곡을 연주합니다. 전 세계적으로 연주하지요. 왜냐하면 곡이 신나거든요. 마치 축포나 폭죽을 쏘는 느낌도 나고요. 그런데 유일하게 연주를 안 하는 나라가 있습니다. 어디일까요? 맞습니다. 프랑스에서는 연주를 잘 안 한다고 합니다. 기분 나쁘다 이거예요.

차이콥스키의 관현악곡으로 전쟁 관련 표제음악 중에는 최고의 걸작으로 꼽힙니다. 하지만 차이콥스키는 아무런 애정도 없이 작곡해 예술성도 별로 없을 것이라고 평가했다니 아이러니하지요. 차이콥스키 본인은 이 곡에 대해 '이 곡은 매우 요란하긴 하지만 나는 아무런 애정도 없이 작곡했으며 예술성도 별로 없을 것이다'라고 혹평했다고 해요.

〈1812년 서곡〉은 러시아 정교회 성가인 '신이여 백성들을 보호하소서'가 조용히 경건하게 울리며 시작하고 프랑스 국가 〈라 마르세예즈〉가 여러 형태로 변주되어 연주됩니다. 나폴레옹 군대의 모습을 연상시키지요. 후반부에 이르러서는 성당의 종소리와 함께 초반에 등장했던 성가가 이번에는 훨씬 웅장한 팡파르로 바뀌고, 대포의 반격과 함께 제정러시아 국가가 울려 퍼지며 러시아의 위대한 승리를 자축하는 분위기로 끝납니다. 러시아, 하면 뭐가 떠오르시나요? 러시아는 광활

한 영토를 가진 나라예요. 그래서 그런지 음악도 스케일이 큰 곡들이 많아요.

이 곡은 안중근 의사의 삶을 다룬 영화 《영웅》에서 조선통감부 초대 통감이었던 이토 히로부미를 살해하는 장면에 나옵니다. 안중근 의사와 〈1812년 서곡〉은 무슨 관련이 있어서 이 곡이 영화에까지 들어갔을지 궁금해집니다. 영화 속에서 1909년 10월 26일, 이토 히로부미가 당시 러시아 지배에 있던 하얼빈 역에 도착했을 때, 러시아 군악대가 〈1812년 서곡〉을 연주합니다. 그리고 음악이 끝나기 전에 안중근 의사는 권총을 이토 히로부미를 향해 발사합니다. 안중근 의사는 즉시 청과 러시아의 호위병들에게 체포됐고, "코레아 우라!(대한민국 만세)"라 외칩니다. 하지만 실제로는 러시아 군악대의 연주가 있었다는 기사만 남아 있고 어떤 곡을 연주했는지는 알 수가 없어서 〈1812년 서곡〉을 연주한 건지는 알 수가 없어요.

이란에서는 예전에 마라톤을 하지 않았대요. 마라톤은 육상의 꽃, 올림픽에서 화제가 되는 스포츠잖아요. 이란에서는 왜 안 했을까요? 마라톤 전쟁 때문에 그런다는 거예요. 이란 사람한테 들은 얘기입니다. 마라톤 전쟁이 언제냐 하면 기원전 이야기예요. 기원전 490년, 지금으로부터 2500년 전에 아테네군과 페르시아군 사이에 전투가 있었어요. 페르시아(이란)가 쳐들어왔다가 진 거예요. 그러자 아테네의 승전 소식을 전하기 위해 전령이 마라톤 고원을 달려간 거죠. 이란 입장에서는 기분이 나빴어요. 자기네가 진 전투에서 시작된 마라톤을 전 세계적으로 하게 됐으니 말이죠. 이란은 마라톤을 금기시하고, 세계 대회에 출전한 선수도 없으며 이란에서 열린 1974년 아시안 게임에서는 마라톤을 아예 하지 않았다고 해요.

우리에게는 100년이 채 지나지 않은 아픈 역사가 있습니다. 그런데 이런 역사를 이제 그만 얘기하자는 사람들이 있습니다. 이란은 2500년 전에 조상이 진 전투에 대해 아직도 그 역사를 기억하려 해요. 그런데 일제 시대는 겨우 100년 전에 있었던 일입니다. 아무렇지도 않게 그만 얘기할 수 있을까요? 자존심을 지키기 위해 역사를 기억해야 하지 않을까요? 역사를 잊은 민족에게 미래는 없으니까요.

강남 스타일,
모차르트 〈터키 행진곡〉

실제로는 피아노곡인데 제목은 왜 '행진곡'일까요? 실은 연주 지시를 잘못 해석한 거예요. 모차르트는 이 곡을 연주할 때 지시하는 말로 '알라 트루카'라고 적었어요. 알라는 무슨 풍으로, 투르카는 튀르키예를 말합니다. 즉 모차르트는 '튀르키예풍으로 연주할 것'이라고 적었던 거예요. 이게 〈터키 행진곡〉이 된 거지요. '알라 투르카'라는 지시가 제목으로 바뀐 거예요. 출판업자가 기억하기 쉽게 이름 붙인 거죠. 책을 만들 때도 잘 팔릴 만한 제목을 고민하는 것처럼 당시 출판업자들은 곡 제목을 고민했던 거예요. 재미있는 얘기지요? 모차르트가 하고 싶었던 말은 피아노곡을 튀르키예풍으로 연주하라는 뜻이었던 거예요.

왜 튀르키예냐고요? 당시에 튀르키예가 들어간 제목이 많았어요. 베토벤도 〈터키 행진곡〉을 작곡했어요. 당시에는 튀르키예풍 곡이 아주 많았는데 이는 당시 역사를 살펴보면 이해할 수 있어요. 한때 오스만투르크 제국은 유럽·아시아·아프리카 대륙에 영토를 가진 대제국이었어요. 13세기에 세워진 오스만투르크 제국은 20세기까지 이어졌던 나라예요. 그러면서 17세기 중반부터 18세기까지 전 유럽에 튀르키예풍이 유행을 합니다. 미술, 의상, 음악, 칼싸움까지도 튀르키예풍인 거지요. 그만큼 당시에 튀르키예가 얼마나 문화, 예술에 막대한 영향을 끼쳤는지를 알 수 있어요.

어렸을 때 팝송을 좋아했던 생각이 나네요. 미국의 빌보드차트에 오른 음악은 전 세계적으로 유행을 했어요. 저도 영어 가사 아래 한국어 발음을 적어서 외우곤 했지요. 마이클 잭슨의 춤을 따라 추고 마돈나의 음악에 열광했었죠. 거대한 규모의 화려한 미국 블록버스터 영화를 보며 눈이 휘둥그레지던 때였어요. 그때는 미국이 1980~1990년대 대중문화를 이끌던 때였지요. 전 세계인들이 미국 문화에 열광했듯이 18세기에 사람들이 튀르키예 문화에 열광한 거예요.

하지만 2010년대 후반부터 크게 달라졌어요. 전 세계인들이 우리나라 음악을 따라 하고 케이팝풍의 노래들이 나오고 있잖아요. 우리나라 문화가 전 세계 문화에 영향을 주게 되었다고 할 수 있지요. 〈강남 스타일〉 기억하시죠? 2012년 〈강남 스타일〉부터 케이팝이 전 세계를 휩쓸기 시작했어요. 우리나라 케이팝이 인기를 끌면서 지금은 전 세계가 우리나라를 따라 하게 되었잖아요. 당시 튀르키예풍이 유행했던 것처럼 말이에요.

빌보드차트 1위에 한국 가수의 곡이 올랐을 때 얼마나 감격스럽던지요. 어릴 적에는 상상도 하지 못했던 일이었으니까요. 뉴스를 보며 가슴이 벅차오르는 기분을 지금 우리 아이들은 절대 알 수 없을 거예요. 언제부턴가 케이팝이 빌보드차트에 오르는 게 흔한 일이 됐으니 말이죠. 한국 영화, 한국 배우가 아카데미상을 수상하고 에미상을 수상하는 지금은 한국 문화를 빼고 전 세계 대중문화를 말할 수 없는 시대가 되었어요. 얼마 전 노벨문학상까지 수상했으니 더 놀랄 일이 남았을까 싶을 정도이지요. 이제는 케이팝이 하나의 사조로 남지 않을까 하는 생각을 하게 됩니다. 우리가 그만큼 앞선 문화 환경에서 살고 있다는 게 새삼 자랑스러워집니다.

오스트리아의 대표곡,
요한 슈트라우스 2세 〈아름답고 푸른 도나우강〉

"아아 대한민국. 아아 우리 조국. 아아 영원토록 사랑하리라" 이 노래를 기억하시나요? 1990년대를 살았다면 기억하실 텐데요. 가사에 "하늘엔 조각구름 떠 있고 강물엔 유람선이 떠 있고" 여기서 강물은 한강이지요. '한강을 담은 노래' 하면 생각나는 정수라의 히트곡인데요. 요즘이라면 폴킴의 〈한강에서〉를 먼저 떠올릴 수도 있겠네요.

유럽에도 한강처럼 대표적인 강이 있습니다. 도나우강, 다뉴브강 같은 강인데 이름이 여럿입니다. 도나우강은 유럽에서 두 번째로 긴 강입니다. 오스트리아도 흐르고, 독일도 흐르고, 루마니아도 흐르고, 우크라이나도 흐르고…… 유럽의 웬만한 나라는 다 흘러가는 유명한 강입니다. 여러 나라를 흐르는 만큼 이름도 두나브, 두나이, 도나우…… 다양한데 도나우는 독일, 오스트리아에서 부르는 이름이지요. 도나우강을 다룬 클래식 곡이 몇 곡 있는데 이 곡이 제일 유명합니다. 우리나라에서 아름다운 한강을 노래하듯이 아름다운 도나우강을 음악으로 만든 것입니다.

도나우강은 독일, 오스트리아, 슬로바키아, 헝가리, 크로아티아, 세르비아, 불가리아, 루마니아, 몰도바, 우크라이나 10개국을 흐르는데, 수도를 지나갑니다. 서울을 흐르는 한강처럼 각기 자기네 강이라고 생각할 만하지요? 각 나라마다 강을 두고 많은 노래를 만들었을 겁니다. 그런 곡들 중 하나가 〈아름답고 푸른 도나우강〉입니다. 〈도나우강의 잔물결〉은 〈다뉴브강의 잔물결〉이라고 알려져 있는데요. 그래서 처음에는 도나우강과 다뉴브강이 다른 강인 줄 알았어요. 소양강, 금강처럼 다른 강을 말하는 줄 알았던 거지요.

이 곡을 작곡한 사람은 '왈츠의 아버지'라 불리는 요한 슈트라우스 2세입니다. 오스트리아의 국민 영웅이지요. 루마니아의 이바노비치는 〈도나우강의 잔물결〉이라는 곡을 만들었는데, 이 곡은 〈사의 찬미〉로 우리에게도 더 잘 알려져 있는 곡입니다. 일제 강점기 우리나라 최초의 서양 가수 윤심덕이 불렀지요.

눈물로 된 이 세상에 나 죽으면 그만일까 행복 찾는 인생들아

가사는 도나우강과는 어울리지 않는 다소 허무한 내용입니다. 〈사의 찬미〉는 한국 최초의 대중가요 중 하나입니다. 허무주의적인 인생관을 담은 가사 내용처럼 노래를 부른 윤심덕은 극작가 김우진과 귀국하던 길에 현해탄에 몸을 던져 동반 자살하면서 화제가 되었지요. 노래는 큰

인기를 끌었습니다.

요한 슈트라우스의 곡은 왈츠인데요. 클래식에서 말하는 왈츠는 3/4 박자 춤곡 왈츠와는 다릅니다. 연주를 위한 왈츠이지요. 이 곡은 요한 슈트라우스가 왈츠의 왕이라 불리며 세계적으로 인기 있는 작곡가로 활동했던 1860년대에 쓰였습니다. 당시 오스트리아는 프로이센과의 전쟁에서 패하고 우울한 분위기에 빠져 있었어요. 그러자 빈의 남성합창단에서 요한 슈트라우스 2세에게 애국적이고 밝은 분위기의 음악 작곡을 의뢰했고, 오스트리아를 상징하는 대표적인 곡으로 자리 잡게 됩니다.

지방의 한 문화제에서 있었던 일입니다. 공연이 아직 끝나지 않았는데 어르신 한 분이 앞으로 나오시는 거예요. '무슨 일이지?' 싶어 지휘하면서 그분을 주시했어요. 무대 바로 앞까지 나오시더니 한쪽 팔을 드시더라고요. 그리고 덩실덩실 춤을 추시는 겁니다. 춤곡을 연주하는 중이었는데 흥이 나신 거죠. 저는 더 흥겹게 연주를 이어갔습니다.

저는 지휘할 때 이 곡을 모르는 사람도 제가 하는 지휘를 보면 대충은 알 듯하게 하려고 노력합니다. 음악을 그리는 느낌으로 하는 거죠. 음악이 빠르면 빠른 동작, 크면 큰 동작으로 하는 거죠. 지휘할 때 왼손은 무슨 일을 할까요? 지휘봉을 든 오른손을 도와 음악을 자세히 표현해 줍니다. 예를 들어 크게 해야 할 때는 왼손을 손바닥이 위로 향하게 들어 올리고, 작게 해야 할 때는 손바닥을 아래로 향하게 하고 내려주는 거죠. 지휘를 할 때는 누구보다도 더 진지하게 지휘하고, 해설할 때나 곡에 대해 설명할 때는 개그맨으로서 장기를 살려 재미있게 하려고 노력합니다. 물소리처럼 흐르는 음악을 연주할 때는 "물이 하수구로 빨려 들어가다 넘칠 때 있죠? 쿨럭쿨럭쿨럭" 하면서 물소리 흉내를 냅니다. 빨리 연주하는 곡이 나오면 '마이클 조던이 농구 드리블하듯이 빠른 연주'라고 표현합니다. 그리고 신나는 곡을 연주할 때는 깡충깡충 뜁니다. 김현철의 전매특허 깡충깡충 지휘법입니다.

그래서 관객들이 더 친근하게 느끼는 것 같습니다. 공연이 끝나면 관객 중에 한 분을 불러 무대 위로 올라오게 합니다. 아이들이 많이 오는 공연이다 보니 아이들일 때가 많습니다. 오케스트라가 연주할 때 연주에 맞춰 심벌즈를 치게 해줍니다. 박자에 맞춰 심벌즈를 연주하는 아이 얼굴엔 웃음이 가득합니다. 지켜보는 관객들도 즐거워합니다. 아이들에게 오케스트라 공연장, 무대는 엄청나게 크죠. 무대 경험은 용기와 자신감을 줄 거라고 생각해 만든 순서입니다.

예전에 자동차 트럭이 후진할 때 '띠라리라 리라리라라~' 하는 베토벤의 〈엘리제를 위하여〉의 멜로디가 나왔잖아요. 그리고 '소나타'라는 이름의 자동차도 있지요? 아이들과 놀이동산에 갔는데 회전목마에서 흘러 나오는 클래식 음악, 엄마가 태교음악으로 듣는 클래식 곡들처럼 대중들에게 클래식을 입문시키는 클래식 길라잡이가 되고 싶습니다.

김현철이 들려주는
클래식 거장들의 맛있는 이야기

EPISODE 4 **베토벤의 매일 아침 루틴: 60개의 원두로 내린 커피와 달걀**

루드비히 판 베토벤(Ludwig van Beethoven, 1770~1827)

베토벤은 강박적으로 매일 아침 루틴을 지키는 것을 좋아했다고 합니다. 반드시 정확히 계산된 커피콩 수로 내린 커피를 마시고, 달걀을 사용한 요리나 음료와 함께 즐겼다고 해요. 베토벤의 가정부와 요리사들의 증언에 따르면, 그는 음식에 까다로운 편이었지만 특히 달걀 요리를 좋아했다고 합니다. 그는 커피를 만들 때

정확히 60개의 커피콩을 사용해야 했어요. 단 한 알이라도 많거나 적으면? 버리고 다시 만들었다고 합니다. 이 완벽주의적 습관 때문에 가정부들은 어려움을 겪었을 것 같아요. 이게 단순한 커피가 아니라, 예술과 완벽을 향한 그의 집착이 아닐까 싶어요. 커피 하나도 이렇게 정확하게 맞추는데, 음악은 얼마나 완벽하고 집요하게 만들었을까요. 어때요? 클래식 작곡가들도 우리처럼 먹고 마시는 걸 즐겼다는 사실에 조금 더 친근하게 느껴지지 않나요?

MENU

5부.
달콤한 디저트

“음악은 인간 영혼의 가장
순수한 표현이다.”

조지 프리드리히 헨델(George Frideric Handel)

비 오는 날 듣기 좋은 곡,
쇼팽 〈빗방울 전주곡 D♭장조 Op.28 No.15〉

쇼팽은 어느 비 오는 날 빗소리를 들으며 〈빗방울 전주곡 D♭장조 Op.28 No.15〉를 작곡합니다. 쇼팽의 작품 중 가장 대중적인 사랑을 받는 곡으로 상드를 향한 쇼팽의 사랑이 녹아 있는 곡이에요. 이 곡을 들으면 빗방울 떨어지는 소리가 연상돼요. 비 오는 날 듣기 좋은 곡이지요. 쇼팽과 상드가 함께 지낸 마요르카에서 작곡한 곡이에요.

쇼팽은 유부녀 조르주 상드와 사랑에 빠져 9년간 함께 지냅니다. 당시 파리 사교계에 큰 화제였죠. 당시 쇼팽은 뛰어난 피아노 연주로 파리 음악계에서 큰 인기를 누리고 있었어요. 당시 파리에선 귀족들이 저택에 사람들을 초대하는 살롱 모임이 유행이었어요. 살롱 모임에서는 음악회도 열렸는데 쇼팽의 연주는 살롱 모임에서 인기가 많았지요. 쇼팽의 귀족적인 분위기와 세련된 패션, 아름다운 피아노 연주는 여성들의 마음을 사로잡았죠.

어느 날 쇼팽은 살롱 모임에서 조르주 상드를 만납니다. 조르주 상드는 쇼팽과 정반대에 가까운 캐릭터의 사람이었어요. 조르주 상드는 바지를 입고 시가를 피우는 페미니스트였죠. 조르주 상드는 여성의 경제 활동이나 사회 활동이 제한되어 있던 당시 남장을 하거나 자유롭게 연애를 하며 화제를 끌었던 유명한 작가였어요. 이혼하고 자녀 둘과 지냈지요. 정반대의 캐릭터인 두 사람은 그냥 아는 사이로 지내다가 쇼팽의 매력에 끌린 상드가 쇼팽에게 고백하면서 사랑에 빠지게 됩니다.

6살 연상인 상드는 쇼팽을 따뜻하게 감싸고 보살펴 줍니다. 쇼팽은 어릴 적부터 몸이 약했고 폐결핵에 걸려 평생 시달렸어요. 쇼팽은 폐결핵으로 숨소리는 거칠고 늘 기침을 했어요. 기침이 시작되면 피를 많이 쏟곤 했지요. 쇼팽과 상드는 쇼팽의 건강을 위해 스페인 남쪽 지중해의 섬 마요르카에서 지내기로 합니다. 하지만 마요르카의 날씨는 좋지 않았고 쇼팽의 건강은 오히려 더 악화되는 것 같았어요. 이혼녀와 젊은 작곡가가 같이 산 거니까 손가락질당하고 그랬겠지요. 하지만 창작 활동은 아주 활발했어요. 쇼팽이 작곡한 24개의 전주곡 중 많은 곡을 마요르카에서 작곡했거든요.

어느 날 쇼팽이 감기에 걸려서 또 기침을 시작했어요. 상드는 쇼팽이 동생이니까 얼마나 가슴이 짠하겠어요. 쇼팽이 "누나, 많이 아파 죽겠어" 하니 상드가 "누나가 약 사올게" 하고는 밖으로 나갔어요. 쇼팽은 상드를 기다리며 혼자 있었죠. 그때는 마차를 타고 가거나 걸어가야 하니 한참 걸렸겠지요. 아파 죽겠는데 상드는 오지도 않고 때마침 그때 비가 온 거예요. 비가 처마 사이로 떨어지는 거죠. 코미디언들이 개그를 짜듯이 쇼팽은 음악가니까 음악을 만든 거예요. 상드가 올 때까지 비가 떨어지는 소리를 들으며 "똑똑똑똑" 작곡한 것이 빗방울 왈츠예요.

재미있게도 〈고양이 왈츠〉, 〈강아지 왈츠〉 이런 곡들이 있어요. 피아노로 그걸 친 거죠. 상드가 음악적인 모티브를 많이 제공했어요. 하루는 상드를 만났는데 고양이를 데리고 온 거예요. 상드가 고양이를 풀어놨더니 고양이가 피아노 위에 올라가서 막 뛰어다녔어요. "띵띵띵띵" 그 느낌을 그대로 살려 음악을 만든 거죠. 강아지를 데리고 온 적도 있어요. 강아지가 정신이 없잖아요. 쇼팽은 그런 강아지를 보고 〈강아지 왈츠〉도 작곡해요. 말하자면 상드가 음악을 작곡할 수 있게 강아지도 데려오고, 고양이도 데려오고, 비 오는 날 외출도 하면서 모티브를 만들어 준 거예요.

하지만 둘은 상드의 자녀 문제로 헤어집니다. 상드는 쇼팽을 잊었지만, 쇼팽은 상드를 평생 그리워해요. 쇼팽은 상드와 헤어지면서 창작에 대한 의지를 잃었어요. 파리에서 피아노 교습을 하며 겨우 생계를 유지했지요. 어려운 경제 사정으로 쇼팽은 1848년 봄, 런던과 스코틀랜드로 연주 여행을 떠납니다. 스코틀랜드의 혹독한 날씨는 쇼팽의 건강을 크게 악화시켰고 이 연주 여행 후 가을 파리로 돌아온 쇼팽은 자리에 누운 뒤 다시는 일어나지 못합니다. 1849년 10월 17일 상드와 이별한 지 2년 만에 세상을 떠나고 말았죠. 쇼팽의 장례식은 10월 30일 파리의 생 마들렌 성당에서 수천 명이 참석한 가운데 치러집니다. 모차르트의

‘레퀴엠’이 쇼팽의 죽음을 애도했지요.

쇼팽은 피아노의 시인이라 불려요. 일생에 걸쳐 대부분 피아노곡만 썼어요. 녹턴, 마주르카, 왈츠, 폴로네즈 등 수많은 피아노곡 형식을 개척하지요. 연습할 목적으로 쓴 곡이 27곡입니다. ‘이별곡’, ‘흑건’, ‘겨울바람’, ‘혁명’ 나머지 곡은 제목이 없어요.

♭ 공부할 때 듣기 좋은 곡

쇼팽의 야상곡 중 〈녹턴 Op.9 No.2〉라는 곡이 있습니다. 아마 들어보면 ‘아, 이 곡!’ 할 겁니다. 화장실에서 많이 나오는 음악이에요. 이렇게 말하니 기억이 나시나요? 쇼팽은 21개의 녹턴 곡을 작곡합니다. 아름다운 선율 때문에 많은 사랑을 받지요. 마치 꿈을 꾸고 있는 듯한 몽환적인 느낌이 들어요.

‘녹턴’이란 당시 유행했던 음악의 양식을 말합니다. 조용한 밤의 분위기를 나타낸 서정적인 피아노곡이에요. 19세기 초반에 엄청난 유행을 하지요. 돈 있는 사람들은 피아노를 사서 가족과 함께 피아노 치면서 웃고 떠들고 그랬어요. 그게 중상류층의 유일한 오락거리였지요. 녹턴을 우리나라에 들여오면서 ‘야상곡(밤 야, 생각할 상)’, 밤에 생각하는 음악이라는 뜻으로 제목을 붙입니다.

쇼팽 곡은 공부할 때 듣기 좋아요. 〈이별의 곡〉이 그렇습니다. 한번 들어보시겠어요? 사실 바로크, 고전음악, 낭만주의 초기 음악까지는 법칙이 정해져 있어서 공부할 때 듣기 좋은 곡들이 많습니다. 공부하기 좋은 곡들은 많은데, 공부를 하는 건 또 별개의 문제이지요. 제목은 〈쇼팽 연습곡 Op.10 No.3, E장조〉입니다. 쇼팽이 흠모했던 여인, 짝사랑했던 사람과의 헤어진 감정을 담아낸 곡입니다.

개그맨 시절, 남들이 웃기다 해도 내가 만족하지 못한 적이 많았어요. '어떻게 하면 더 재미있게 할 수 있을까?'를 늘 고민했지요. 스스로에게 만족할 수가 없었던 거예요. 그런데 쇼팽은 이 곡을 작곡하고 대만족했습니다. 그리고 '이렇게 아름다운 멜로디는 나는 더 이상 작곡할 수 없을 것이다'라고 합니다. 얼마나 만족했는지 알 만한가요?

저는 스스로에게 가혹합니다. 아이 같은 감성을 가지려고 합니다. 동심을 잃는 순간 개그맨은 방송을 할 수 없어요. 하지만 10년 넘게 지휘하고, 40년 넘게 클래식 음악을 애정하면서 클래식에 대해 들려주고 싶은 이야기가 있습니다. 이 책을 읽는 독자분들께 클래식을 향한 진심이 전달되고 이 책을 읽는 사람이라면 누구든지 즐겁게 클래식에 대해 알아갈 수 있기를 바랍니다. 유쾌한 클래식 길라잡이가 되고 싶어요.

복날에 듣는 클래식,
생상스 《동물의 사육제》

복날에 들을 클래식을 소개해 달라는 요청을 받았습니다. 제가 태어난 안동시를 홍보하는 영상에 찜닭이 나오는데, 그때 클래식을 소개해 달라는 거죠. 때는 복날, 안동찜닭을 소개하는 영상…… 닭 하면 떠오르는 클래식이 하나 있습니다. 생상스 동물의 사육제 중 '수탉과 암탉'입니다. 14곡 중 2번 곡으로 실제 닭들이 뛰어노는 모습을 악기로 표현했습니다. 닭과 어울리지요?

클래식이 어렵고 지루하지만은 않습니다. 지휘자 옆쪽에 책상이 놓여 있고 그 위에 타자기가 놓여 있습니다. 잠시 후 큰 코주부 안경을 쓴 사람이 등장해 타자기 앞에 앉으면 연주가 시작됩니다. "탁탁탁탁 드르륵 칭, 탁탁탁탁 드르륵 칭!" 그는 타자기 앞에서 타자를 치기 시작합니다. 그에 맞춰 오케스트라의 연주가 이어집니다. 타자기 소리는 곡이 시작되면서부터 끝날 때까지 쉬지 않고 울립니다.

르로이 앤더슨이 1950년에 작곡한 〈타이프라이터〉라는 곡입니다. 실제 타자기를 등장시켜 곡이 시작해서 끝날 때까지 타자기 치는 소리가 납니다. 대중이 즐겁게 감상할 수 있는 곡들을 쓴 작곡가입니다. 이 작품은 바쁜 사무실 풍경을 재미있게 그린 곡입니다. 작곡가 중에도 저처럼 대중들이 즐겁게 감상하는 데 목적을 둔 분이 있었다니 왠지 반갑습니다. 오케스트라 연주에는 악기만 등장해야 한다는 선입견을 깬 작품입니다.

〈장난감 행진곡〉도 있습니다. 하이든 곡인 줄 알고 있는 사람들이 많은데 사실은 모차르트 아버지의 곡입니다. 이 곡이 정말 특별한 점은 음표 안에 장난감이 다 들어 있는 거예요. '뽀뽀뽀' 이런 소리도 있고, '빽빽' 이런 소리도 있고, 진짜 장난감을 넣어서 연주를 주도하게 한 곡이에요. 모차르트 아버지의 아들에 대한 사랑이 녹아 있는 곡이라고도 볼 수 있어요.

라벨의 〈야옹 듀엣〉이라는 곡도 있어요. 라벨은 프랑스를 대표하는 음악가입니다. 라벨은 결혼은 하지 않았지만 반려묘를 정말 사랑했어요. 오페라 〈어린이와 마법〉에 실제 고양이의 음성을 듣는 듯한 〈야옹 듀엣〉을 담았을 정도예요. 라벨은 고양이 중에서 샴고양이만을 길렀어요. 오페라의 인기 아리아인 〈야옹 듀엣〉은 고양이를 사랑하는 라벨의 마음이 듬뿍 담긴 노래입니다. 1막의 마지막에 검은 수고양이와 흰 암고양이가 등장해 함께 부르는 이중창이에요. 실제 고양이 울음소리를 듣는 것 같은 곡이지요.

시간 좀 내주오,
베르디 〈여자의 마음〉

"시간 좀 내주오, 갈 데가 있소." 기억하시죠. 전에 하이마트 광고에 쓰였던 곡이 바로 오페라 《리골레토》의 〈여자의 마음〉이에요. 베르디의 오페라 중에서 가장 널리 알려진 곡입니다. 이 오페라는 빅토르 위고의 소설 《일락의 왕》에서 영감을 받아 만든 작품이에요. 소설은 프랑스인 빅토르 위고가 당시 프랑스 왕인 프랑수아 1세를 비판하는 내용이에요. 당시 이탈리아는 오스트리아 제국의 지배를 받았지요. 당시 작품에 대한 검열에 걸려 내용을 바꿔야 했어요. 외국의 왕을 비판하는 내용의 작품이라면 당연히 환영받지 못했겠지요. 배경을 바꾸고 등장인물도 모두 가상의 인물로 바꾸고 나서야 비로소 공연을 하게 됐어요.

만토바 공작의 궁정에 사는 어릿광대 꼽추 리골레토가 주인공이에요. 리골레토는 어릿광대이면서 꼽추였으니 얼마나 많은 차별과 무시를 당했겠어요. 만토바 공작은 귀족 여인들을 유혹해 즐기는 바람둥이였어요. 리골레토는 그런 만토바 공작이 딸 질다를 만나지 못하도록 집에 숨겨 놓지요. 만토바 공작은 질다를 유혹하고 질다는 결국 그와 사랑에 빠집니다. 분노한 리골레토는 복수를 위해 청부살인을 계획하지요. 질다는 만토바 공작을 대신해 죽음을 맞고 리골레토는 딸의 시체를 안고 절규합니다.

1850년 베르디가 37세 때 작곡한《리골레토》는 다음 해 3월 베네치아에서 초연되어 큰 인기를 얻었어요. 이후 이탈리아뿐만 아니라 유럽과 남미, 미국에서도 인기를 끌었어요.《리골레토》,《라 트라비아타》,《아이다》,《오델로》 모두 비극이지요.《오델로》는 셰익스피어의 비극을 오페라로 완벽하게 구현해 냈다고 평가받고 있어요. 베르디는 이탈리아 오페라를 대표하는 거장으로 우뚝 섭니다. 낭만주의 시대 이탈리아 오페라는 로시니를 시작으로 베르디, 푸치니로 이어지는데 이탈리아 오페라는 세계 오페라를 이끌었어요. 베르디는 이탈리아 오페라의 양식을 완성했다고 평가받아요.

살아 있을 때 부와 명예를 모두 누린 베르디는 1901년 1월 27일 88세의 나이로 숨을 거둡니다. 요절한 음악가들이 많은 음악계에서 드물게 장수하며 부와 명예를 누렸지요. 이탈리아 국장으로 치러진 장례식에는 20만 명이 넘는 시민들이 참석했어요. 20만 명이라니! 이탈리아 국민들이 베르디를 얼마나 사랑했는지 알 만하지요. 베르디처럼 존경받는 죽음이라면 누구나 원하는 일이겠지요. 죽음이 어떻게 기억되고 싶은지 생각해 보게 됩니다.

장인을 상대로 소송한 사위,
슈만 《미르테의 꽃 Op.25》

슈만과 클라라는 클래식 음악사에서 가장 유명한 커플이라고 할 정도로 둘의 사랑 이야기는 유명합니다. 슈만이 1840년 9월 결혼식 전날 클라라에게 선물한 가곡집이《미르테의 꽃》입니다. 슈만은 유명한 음악 선생이었던 프리드리히 비크의 제자로 피아노를 배우고 있었어요. 비크의 딸 클라라는 당대 최고의 피아니스트 중 하나로 대단한 인기를 누리고 있었지요. 앞날이 유망한 16살의 스타 피아니스트와 나이가 9살이나 많고 피아니스트 지망생인 슈만이 사랑에 빠졌으니 당연히 슈만의 청혼을 허락하지 않았지요. 슈만과 클라라의 사랑을 클라라의 아버지가 반대했어요.

"이름도 모르는 놈이 내 딸을 데려간다고? 안 돼!"

가난한 음악가의 아내로 평생 고생할 게 뻔해 보였으니까요. 음악가로 돈을 벌기 힘든 건 예나 지금이나 마찬가지였거든요. 음악가라는 직업은 불안정하고 미래를 보장해 주지 않지요. 비크는 사랑하는 딸이 자신의 재능을 펼치지 못하게 될까 봐 걱정했던 거죠. 딸이 있는 부모라면 누구나 공감할 수 있을 거예요. 그런데 두 사람은 전혀 꺾이지 않고 재판까지 가게 됩니다.

슈만이 소송을 걸었어요. 예비 장인을 상대로 민사소송을 걸어서 정식 재판을 한 거예요. 사랑하니까 딸과 결혼하게 허락해 달라고 말이죠. 당시 21세 이하는 미성년자로 부모가 동의해야 결혼이 가능했어요. 우리가 즐겨보는 법정 드라마 같은 재판을 두 번이나 합니다. 그리고 소송에서 이깁니다. 둘은 클라라의 21세 생일 전날 결혼식을 올립니다. 그리고 8명의 아이를 낳고 행복하게 잘 살게 됩니다. 슈만은 소송이 끝난 후 결혼식까지 클라라에게 바칠 노래를 작곡하는데 그것이 유명한 《미르테의 꽃 Op.25》 연가곡집입니다. 《미르테의 꽃》은 26개의 가곡이 들어 있는데 첫 곡의 제목이 '헌정'이에요. 가장 유명한 곡이죠. "그대는 나의 영혼, 나의 심장, 나의 기쁨, 나의 안식, 그대는 하늘이 주신 사람……" 슈만의 클라라에 대한 사랑이 녹아 있는 내용이에요. 미르테는 신부를 장식하는 데 쓰는 꽃으로 순결을 뜻한다고 해요.

결혼한 1840년 한 해 동안 100곡이 넘는 가곡을 발표해 가곡의 해라 부릅니다. 슈만은 결혼 후 왕성하게 작곡에 몰두하면서 거장으로 자리 잡게 되지요. 어린 시절 음악에 재능을 보인 천재들이 음악 교육만 받아 불균형한 발전을 이룬 경우가 많았다면 슈만은 어릴 적부터 책을 좋아해 인문학적 소양을 갖춘 음악가였어요.

클라라는 낭만주의 시대 최고의 피아니스트 중 한 명으로 꼽힐 정도로 뛰어난 피아니스트였어요. 11살 때부터 공연을 시작했고 슈만과 결혼한 후에는 슈만과 함께 연주 여행을 했어요. 슈만과 클라라는 부부이면서 음악적인 동지였던 셈이에요. 클라라는 1856년 슈만이 죽은 후에도 연주를 계속해 명성을 얻었어요. 말년에는 프랑크푸르트의 콘서바토리의 교수로 은퇴할 때까지 뛰어난 교육자로서 활동했어요.

클라라의 인생에서 중요한 사람이 또 하나 있습니다. 클라라가 죽을 때까지 그녀의 곁에는 브람스가 있었지요. 브람스는 슈만의 제자였어요. 클라라는 브람스의 곡을 연주하여 그의 곡이 알려지도록 도왔어요. 브람스는 슈만과 클라라 부부를 존경했어요. 슈만이 죽은 후에는 클라라의 곁에서 많은 도움을 주었지요. 브람스는 클라라가 죽은 다음 해 세상을 떠났습니다.

모든 걸 갖춘 남자, 멘델스존 〈바이올린 협주곡 E단조 Op.64〉

멘델스존은 실제 나이보다 훨씬 늙어 보여요. 왜 그렇게 일찍 늙어 버린 걸까요? 멘델스존은 어릴 적부터 새벽에 일어나 공부하던 습관이 완전히 몸에 배어 있었어요. 어른이 되어서도 여유와 휴식을 즐기지 못했지요. 뭐가 됐든 생산적인 활동을 하지 않으면 시간을 낭비한다고 생각했고, 멘델스존에게 게으름은 죄였던 거예요. 멘델스존은 쉴 때도 체력을 단련시키기 위해 운동을 할 정도로 꽉 짜인 생활을 했어요. 적당한 휴식을 하며 운동을 했다면 몸이 회복되고 체력을 기를 수 있었을 텐데 멘델스존은 과로에 시달리면서 틈이 나면 쉬는 대신 운동을 한 거예요. 그래서 늘 피곤했습니다. 멘델스존은 늘 과로 상태였고 38세의 나이로 일찍 죽게 됩니다. 이렇게 일을 너무 많이 하면 탈이 납니다.

멘델스존은 부유했던 가정환경, 교양 있는 부모님, 좋은 친구들, 결혼생활까지 행복했어요. 누구든 꿈꾸는 그런 삶을 살았습니다. 멘델스존은 잘생긴 외모, 외국어 실력, 그림 실력까지 갖춘 만능 예술인이었어요. 지금으로 치면 엄친아인 거죠. 멘델스존의 이름 '펠릭스'는 행운아라는 뜻인데, 이름에 잘 어울리는 삶이지요. 멘델스존 집안은 클래식 음악가 중에 가장 부유했어요.

아버지 에이브러햄 멘델스존은 유능한 은행가였어요. 멘델스존의 집은 대저택이었는데 매주 음악가들을 초대해 야외 정원에서 음악회를 열었어요. 멘델스존은 어릴 적부터 자신이 쓴 작품을 연주할 수 있었어요. 부유한 집안에서 태어난 덕분에 왕족, 귀족, 재력가의 후원을 받을 필요가 없었지요. 음악가로 성장하는 데 완벽한 환경이었던 거예요. 음악에 재능을 보이자 아버지는 멘델스존에게 오케스트라를 선물해 줍니다. 저는 첫 공연을 위해 돈을 주고 오케스트라를 불렀는데, 멘델스존은 오직 한 사람을 위한 오케스트라를 선물받은 거였죠. 그것도 어릴 때 말이에요. 어린 시절 용돈을 아껴 레코드판을 사 모으던 때가 생각나네요.

멘델스존의 아버지는 굉장히 엄격했어요. 자녀들을 학교에 보내지 않고 홈스쿨링을 했어요. 최고의 교사들을 집으로 불러 교육한 거죠. 친구들과 놀거나 시간을 낭비하는 건 상상도 못 할 정도였어요. 새벽부터 일어나 문학, 미술, 음악, 체육까지 쉴 틈 없이 교육받았어요. 멘델스존의 뛰어난 재능은 다방면에서 두각을 나타냈어요. 연주, 지휘, 외국어, 문학, 미술까지 재능을 보였지요. 모차르트나 베토벤이 어린 시절 음악 교육만 받았던 것과 비교되지요? 멘델스존은 여러 학문을 공부하며 예술가로 성장합니다.

멘델스존이 정식으로 발표한 교향곡은 5곡입니다. 1번 교향곡은 무려 15살에 작곡해요. 이 곡은 영국에서 대성공을 거둡니다. 정말 천재 아닌가요? 멘델스존의 곡은 밝고 아름답습니다. 부잣집 아이들이 그늘이 없다는 말도 있잖아요. 그래서인지 멘델스존의 곡은 행복했던 그의 삶처럼 밝은 분위기예요. 클래식 음악가들 중에는 비극적인 삶 때문에 안타까운 마음이 드는 경우가 많아요. 멘델스존은 반대로 부러움을 불러일으키는 음악가지요.

멘델스존의 〈바이올린 협주곡 E단조 Op.64〉는 베토벤 〈바이올린 협주곡 D장조 Op.61〉, 브람스 〈바이올린 협주곡 D장조, Op.77〉와 함께 세계 3대 바이올린 협주곡으로 꼽힙니다. 세 작곡가 중 멘델스존만 2개의 바이올린 협주곡을 작곡하고, 베토벤과 브람스는 평생 하나의 협주곡을 작곡해요. 1838년부터 작곡을 시작해 완성하기까지 6년이 걸렸어요. 1845년에 초연이 이루어지고 2년 후에 사망합니다. 멘델스존의 마지막 대규모 오케스트라 작품이에요. 이 곡은 당시 좋은 평가를 받았고 지금까지 가장 사랑받는 바이올린 협주곡이 됩니다. 바이올리니스트라면 반드시 거쳐야 하는 작품인 거죠. 19세기 최고의 명작으로 인정받는 곡이에요.

모두가 부러워할 만한 행복한 삶이었지만 멘델스존은 38살의 나이로 요절합니다. 멘델스존은 음악적 재능이 뛰어난 친누나와 각별한 사이였어요. 그런데 멘델스존의 누나 파니가 1847년 뇌졸중으로 사망한 후 멘델스존은 큰 충격에 빠져요. 누나가 죽고 6개월 뒤 뇌졸중으로 숨을 거두고 누나 파니 곁에 묻힙니다.

이탈리아 최고의 오페라 작곡가,
푸치니 《라 보엠》

5월 8일 어버이날이 되면 많이 들리는 곡이 있어요. 푸치니의 오페라 《잔니 스키키》 중 〈나의 사랑하는 아버지〉라는 곡이에요. 그런데 알고 보면 불효막심한 노래예요. 아버지 잔니 스키키에게 딸이 얘기하는 거예요. "아버지 나 저 사람이랑 결혼하고 싶어요. 결혼 승낙해 주세요." 아버지는 "싫어, 안 돼!" 그러자 딸이 "나는 저기 있는 다리에 가서 뛰어내려 죽어버릴 거야" 하고 아버지를 협박하는 노래거든요. 푸치니는 이탈리아가 배출한 위대한 오페라 작곡가입니다. 이탈리아의 오페라는 19세기 초반 로시니, 중후반 베르디, 푸치니로 이어집니다. 푸치니의 오페라는 평범한 사람들의 사랑 이야기예요.

푸치니는 1858년 이탈리아 소도시 루카에서 6남매 중 막내로 태어납니다. 아버지를 일찍 여의고 어머니, 누나들과 생활합니다. 18살 때 《아이다》 공연을 보고 감명을 받아 음악가가 되기로 결심해요. 21세 때

밀라노왕립음악학교에 입학하여 음악가의 길을 걷게 됩니다. 푸치니는 30대 중반부터 오페라 작곡가로 인기를 얻습니다.《라 보엠》이 엄청난 성공을 거두고《토스카》,《나비 부인》까지 흥행에 성공하면서 최고의 오페라 작곡가로 인정받지요. 당시 이탈리아에서 오페라는 우리 시대의 인기 드라마 같은 볼거리였습니다. 생각해 보세요. 지금처럼 언제 어디서든 음악을 듣고 영화, 드라마, 영상을 볼 수 있는 시대가 아니잖아요. 푸치니의 오페라는 그중에서도 사랑, 살인, 자살이 등장하는 막장 드라마 같은 재미를 주는 대중적인 오락거리였어요. 그래서 푸치니의 오페라는 당시 유행가처럼 낮게 취급받기도 했어요.

《라 보엠》의 여주인공 미미는 폐병에 걸려 죽어가고,《토스카》의 여주인공 토스카는 사랑하는 연인을 지키기 위해 살인을 저지릅니다.《투란도트》의 류는 사랑하는 칼리프 왕자의 목숨을 구하기 위해 자살하지요. 푸치니의 오페라에 당시 관객들은 몰입하고 아름다운 아리아에 감동받았습니다.

팬들이 사랑한 피아니스트,
라흐마니노프 〈피아노 협주곡 2번〉

라흐마니노프는 1873년 러시아에서 태어나 1943년 미국에서 사망했어요. 러시아의 귀족 집안에서 태어나 부유한 어린 시절을 보내지요. 4살 때 피아노를 배우면서 재능을 발견해 10대에 작곡을 시작하게 됩니다. 1885년 모스크바 음악원에 입학해 피아노와 작곡을 배웠어요. 학교를 졸업하고 24살에 교향곡 1번을 발표하는데 혹평을 받으며 우울증이 심해져 작곡을 몇 년간 하지 못했어요.

1901년 28세에 〈피아노 협주곡 2번〉을 작곡하면서 호평을 받고 작곡에 전념하다 1909년 미국으로 건너가 피아니스트로 활동합니다. 1917년 러시아 혁명으로 라흐마니노프는 재산을 모두 빼앗겨요. 경제적인 어려움 속에 핀란드로 갔다가 다음 해 미국으로 건너가 연주와 창작 활동을 병행합니다.

〈피아노 협주곡 2번〉은 우울증에서 빠져나오도록 도와준 정신과 의

사 니콜라이 달에게 헌정한 곡이에요. 이 곡의 성공으로 라흐마니노프는 이후 왕성하게 활동하게 되지요. 라흐마니노프는 피아니스트로 유럽과 미국에서 큰 인기를 얻어 팬덤이 생길 정도였어요. 그가 머무는 곳에는 그를 만나려는 팬들로 북새통을 이뤘지요.

라흐마니노프는 키가 198센티미터로 매우 컸는데 손가락도 엄청나게 길어서 피아니스트로서 선보일 수 있는 음악적인 기교가 남들보다 아주 뛰어났습니다. 라흐마니노프는 13개 건반의 끝과 끝을 동시에 누를 정도로 손가락이 길었다고 해요. 그러니 그가 남긴 피아노 작품은 연주하기 어려운 게 당연하겠지요. 요즘 라흐마니노프가 남긴 작품들은 클래식 음악을 공부한다면 반드시 해야 하는 과제가 되었어요. 하지만 라흐마니노프의 곡은 기교적으로 매우 어려워서 연주자가 즐겨 연주하는 작품이라고는 할 수 없지요. 라흐마니노프는 자신이 작곡한 곡을 직접 연주하며 작곡가 겸 연주자로 활동했어요.

〈피아노 협주곡 2번〉이 가장 유명한 곡이지만 〈피아노 협주곡 3번〉은 자신의 한계를 넘어서려는 노력이 반영된 곡이라고 할 수 있어요. 연주하기에 너무 어려운 곡이어서 초연 때 큰 성공을 거두며 인정받았지만, 대중적으로 인기를 끌지는 못했어요. 세상에서 가장 연주하기 어려운 피아노 협주곡으로 알려져 있을 정도죠. 손이 작은 피아니스트는 연주하는 게 불가능에 가까운 곡이에요. 1928년 피아니스트 호로비츠의 연주가 유명해요. 우리나라에는 《호로비츠를 위하여》라는 영화로 알려진 음악가예요. 《호로비츠를 위하여》에는 라흐마니노프의 〈피아노 협주곡 2번〉이 나옵니다.

라흐마니노프는 미국으로 건너가 죽을 때까지 러시아로 돌아가지 못해요. 말년에 고국으로 돌아가고 싶어 했지만 이루지 못합니다. 러시아를 그리워하는 마음에, 영어를 잘했지만 글을 써야 할 땐 러시아어로 작성했어요. 러시아인으로서 정체성을 잃지 않으려고 했던 거예요.

라흐마니노프는 연주가 마음에 들지 않으면 잠을 안 자고 밤새 연습하는 스타일이었어요. 매일 두세 시간밖에 못 자고 원하는 수준에 이를 때까지 연습하는 완벽주의자였어요. 지휘를 할 때면 어떤 곡은 언제라도 자신 있게 할 수 있지만 무대에 올라갈 때까지 긴장되는 곡도 있어요. 연습을 충분히 한 곡은 자신 있지만 연습이 부족하면 마음이 놓이지 않는 건 당연한 일이지요.

김현철이 들려주는
클래식 거장들의 맛있는 이야기

EPISODE 5 라흐마니노프&아이스크림: 사뭇 진지한 얼굴에 달콤한 취향!

세르게이 바실리예비치 라흐마니노프(Sergei Vasil'evich Rachmaninoff, 1873~1943)

라흐마니노프 하면 엄청 진지하고 엄격한 모습이 떠오르죠? 그런데 말입니다. 그의 간식 중 하나는 바로 아이스크림이었어요! 특히 바닐라 아이스크림과 다크 초콜릿의 조합을 좋아했다고 전해집니다. 미국으로 망명한 후, 그는 한 인터뷰에서 "뉴욕에서 가장 좋은 건 아이스크림이다!"라고 말하기도 했죠. 어느 날 연주회전에 긴장을 풀기 위해 아이스크림을 먹었고, 그 후 연주가 특별히 훌륭했다고 합니다. 이후 라흐마니노프는 중요한 연주 전에 아이스크림을 즐기며 긴장을 푸는 습관을 들였다고 해요. 그의 부인 나탈리아는 그가 작곡에 집중할 때 종종 달콤한 간식을 준비해 두었는데, 이것이 그의 창작 과정에 도움이 되었다고 합니다. 재미있는 일화로, 라흐마니노프는 손이 매우 컸다고 알려져 있으며, 종종 한 손에 여러 개의 과자를 들고 차를 마시며 작곡 아이디어를 메모했다고 해요. 오늘은 라흐마니노프 〈피아노 협주곡 2번〉 2악장을 들으며 바닐라 아이스크림 한 입 해볼까요?

MENU

6부.
콜라보 메뉴

"음악은 우리가 듣는 것보다
더 많은 것을 전달한다.
그것은 심장을 뛰게 하고,
영혼을 치유한다."

프란츠 리스트(Franz Liszt)

멘델스존 〈혼례의 합창〉&
바그너 〈결혼 행진곡〉

결혼식장에서 요새는 다양한 음악을 많이 틀지만, 예전에는 정해져 있었어요. 엘가의 〈사랑의 인사〉는 양가 어머니 입장할 때, 바그너의 〈축혼 행진곡〉은 신부가 들어올 때, 멘델스존의 〈혼례의 합창〉은 신랑, 신부가 행진할 때 나왔죠. 요즘은 신랑이 입장 때 엘가의 〈위풍당당〉이 나오기도 해요.

엘가는 영국의 작곡가인데 당시에 연예인으로 치면 무명이었어요. 부유했던 여자친구의 아버지는 '우리 딸 먹여 살릴 수나 있을까' 싶어 엘가를 싫어했어요. 인기도 없으니 결혼을 반대하는 거죠. 두 사람이 "허락해 주세요" 하면, "안 돼, 내 눈에 흙이 들어가기 전에는 안 돼!" 하고 완강히 거부했지요. 그러다 둘이 어렵게 약혼을 하면서 약혼 기념으로 각자 소중한 선물을 하나씩 해 주자고 해요. 엘리스는 시집을 써 주고 엘가는 작곡가니까 음악을 만들었지요. 그때 작곡한 것이 〈사랑의 인사〉예요. 명곡이 그때 탄생한 거죠. 엘가는 이 곡을 엘리스한테 헌정해요. 어렵게 한 결혼의 첫 순서로 양가 어머니가 입장할 때 〈사랑의 인사〉가 울려 퍼지게 된 이유죠.

후배가 결혼할 때 오케스트라 12인조를 데리고 가서 연주해 준 적이 있어요. 결혼식장에 오케스트라가 오지 않는 이유는 오케스트라가 들어갈 공간이 없어서예요. 보통 4중주를 하지요. 당시 그런 선배의 마음을 후배가 알아줬을는지는 모르겠어요.

멘델스존은 10대 때부터 높은 수준의 작품을 쓰기 시작해요. 17살에 발표한 〈한여름 밤의 꿈 서곡 Op.21〉은 멘델스존이 정점에 이르렀다는 평가를 받을 정도로 뛰어난 곡이에요. 1826년 셰익스피어의《한여름 밤의 꿈》에 푹 빠진 멘델스존은 〈한여름 밤의 꿈 서곡〉을 작곡합니다. 원작의 환상적인 분위기를 곡으로 생생하게 살려내요.

어느날 프러시아 왕이 멘델스존에게 연극용으로 사용할 〈한여름밤의 꿈〉 음악을 작곡해달라는 요청을 받고 멘델스존은 어릴 적 쓴 서곡 말고 12곡을 더 쓰지요. 연극용 음악이라는 건 지금의 드라마 OST 같은 배경음악이에요. 이 중 한 곡이 결혼식에서 퇴장할 때 울려 퍼지는 바로 그 '결혼 행진곡'입니다. "빠바바밤 빠바바밤" 트럼펫의 힘찬 팡파르가 울리고 신랑, 신부가 퇴장하지요.

앞서 서울예전에서 '만남의 시도'라는 동아리 활동을 했다고 말씀드렸지요. 저는 만시의 회장이었어요. 만시에서는 마당극을 주로 했는데, 간단한 세트만 만들어 놓고 그 외에는 가상으로 무언가 있다고 생각하고 연기를 했어요. '마당이다' 하고 연기하면 마당이 되는 거고, '안방이다' 하고 연기하면 안방이 되는 거고, '여기는 거리'라고 하면 거리가 되는 거죠. 마당극에는 사회 고발, 비판적인 메시지가 들어있어요. 우리나라 민족의 아픈 역사를 배경으로 일제를 비판하고 그런 내용이었죠. 그런데 마당극을 하면 중간에 또 하나의 극이 들어갔어요. '액자 소설'이라고 표현하죠. 소설 안에 소설이 있는 것처럼 연극 안에 또 하나의 연극이 있는 거예요. 그때 극중극에 배우들이 나와서 장기 자랑을 하는 거예요. 트로트 잘하는 사람은 트로트하고, 춤 잘 추는 사람은 춤추고, 서커스 하는 사람도 있었죠.

마당극을 하는 곳은 대극장이었는데, 음악을 틀고 나한테 핀 조명이 탁 비추면 내 무대가 되는 거예요. 전 거기서 지휘를 했어요. 지휘자로 첫 데뷔를 한 셈이죠. 노래 아니면 춤, 그런 건 좀 뻔했죠. 그래서 저는 아무도 예상하지 못한 독창적인 걸 한 거예요. '지휘 잘하는 애', '연극과 만시 회장 김현철' 이렇게 소문도 나고 그러면서 학생들이 연극을 많이 보러 왔어요. 이때까지 실제 오케스트라 앞에서 지휘를 해 본 적은 없었어요. 흉내만 냈던 거예요. 지휘하는 곡을 잘 외운 거죠.

♭ 가장 비극적인 오페라, 바그너 〈결혼 행진곡〉

평생 수백 번도 넘게 듣는 클래식 음악이 있습니다. "딴 딴따단~" 하면 아실 거예요. 결혼식에서 신부가 등장할 때 나오는 음악이에요. 신랑보다 신부가 그날의 주인공이지요. 이 곡은 바그너의 오페라 《로엔그린》 중 3막에 나오는 〈혼례의 합창〉입니다. 이 작품은 바그너의 오페라 중 가장 비극적으로 끝이 나요. 파국으로 끝을 맺지요.

왜 바그너와 멘델스존의 작품이 전 세계에서 결혼식 음악으로 즐겨 사용되게 되었을까요? 1858년 영국 빅토리아 여왕의 첫째 딸 빅토리아 공주가 나중에 독일 황제(프리드리히 3세)가 되는 프리드리히 윌리엄과 영국 런던 세인트 제임스 궁전에서 성대한 결혼식을 거행합니다. 이곳에서 사용된 음악이 바그너와 멘델스존의 작품이었어요. 빅토리아 공주는 바그너와 멘델스존의 열렬한 팬이었어요. 《로엔그린》이 비극적인 내용인 줄 알면서 결혼식 음악으로 사용했지요. 그러면서 전 세계 결혼식에서 널리 쓰이게 됩니다.

《로엔그린》에 빠진 사람은 또 있어요. 루트비히 2세는 《로엔그린》을 본 다음 백조를 타고 나타난 기사 로엔그린의 이야기에 완전히 빠져듭니다. 1864년 18세의 나이에 바이에른 왕이 된 루트비히 2세는 바그너를 초청했어요. 당시 빚쟁이에게 쫓기던 바그너에게는 좋은 기회였죠. 바그너는 루트비히 2세의 후원을 받으며 여러 작품을 작곡합니다. 바그너 덕후였던 루트비히 2세는 바그너를 적극적으로 후원했어요. 루트비히 2세의 후원은 점점 그 규모가 커집니다. 바그너의 작품만을 위한 극장을 지어주고, 그것도 모자라 '백조의 성'으로 불리는 노이슈반슈타인 성을 짓기로 했어요. 루트비히 2세는 성을 짓기 위해 어마어마한 빚을 질 수밖에 없었지요. 지금 이 성은 디즈니 애니메이션의 배경으로도 유명합니다.

바그너는 루트비히 2세의 지원을 받으며 오페라 《트리스탄과 이졸데》를 초연해 큰 성공을 거둡니다. 서로 사랑해선 안 되는 관계인 트리스탄과 이졸데가 연인이 된 후 함께 비극적인 죽음에 이르는 이야기입니다. 바그너는《트리스탄과 이졸데》를 지휘한 지휘자 뷜로의 아내 코지마와 사랑에 빠지게 돼요. 24살이나 어린 코지마는 바그너의 스승인 리스트와 마리 다구 백작 부인 사이에서 태어났어요. 코지마가 이혼하기 전 둘은 같이 살며 세 아이를 낳아요. 코지마는 첫째 딸 이름을 이졸데라고 지어요. 바그너의 딸이라는 것을 알리고 싶었던 거지요. 마침내 코지마는 이혼을 하고 1870년에 둘은 결혼을 하지요.

결혼 과정이 꼭 막장 드라마 같지 않나요? 반면에 그의 작품은 전 유럽에서 환영받았어요. 교향곡, 소나타, 협주곡 등 다양한 작품을 작곡한 음악가들과 달리 평생 음악극에 집중했어요. 음악극의 창시자죠. 이탈리아에서 탄생한 오페라는 가수들의 노래가 중심이지만 음악극은 음악, 연기, 대본 등이 조화를 이루는 종합예술이에요. 바그너는 독일의 민족 설화와 신화를 바탕으로 작품을 썼어요.

19세기 낭만주의 음악은 고전주의 뒤를 이어 등장했어요. 낭만 시대 작곡가들은 음악에 문학을 녹여냈어요. '낭만'이라는 단어가 들어가는 걸 보면 짐작이 가실 거예요. 낭만 음악은 비현실적이고 작곡가의 주관적인 시각이 강조되지요. 1810~1910년까지를 낭만주의 시대라고 해요. 당시 음악가들은 문학에서 영감을 받았어요. 요한 볼프강 폰 괴테, 하인리히 하이네, 빅토르 위고 등의 시를 가져와 음악으로 만들었지요.

베토벤 〈비창 소나타〉& 차이콥스키 〈비창 교향곡〉

베토벤의 피아노 소나타 제8번 〈비창〉은 제14번 〈월광〉, 제23번 〈열정〉과 함께 베토벤의 3대 피아노 소나타로 꼽힙니다. 제가 비창 소나타를 상당히 좋아했던 때가 있었습니다. 클래식에 빠져 있던 중학생 때였지요. 〈비창 교향곡〉은 팝송 〈미드나잇 블루〉에 사용하면서 큰 인기를 얻었습니다. 미드나잇 블루는 베토벤의 〈비창〉 2악장을 차용한 곡이에요. 1986년, 중학생 때 〈비창 소나타〉에 더 빠져들 수밖에 없었어요. 롤러장에서도 미드나잇 블루가 많이 나왔거든요. 음악을 들으며 롤러를 타던 생각이 나네요.

이 시기에 베토벤은 귀에 문제가 생기기 시작합니다. 그래서인지 곡은 비극적인 분위기입니다. 이 곡은 인기도 많았고 악보가 많이 팔렸어요. 작곡자의 피아노 소나타 중 처음으로 높고 영속적인 인기를 누렸어요. 악보의 매출로 성공을 누리면서 피아니스트뿐만 아니라, 작곡가로서의 베토벤의 명성을 높일 수 있는 중요한 성공작이 되었지요. 베토벤 소나타 중 가장 인기가 높은 작품이에요.

〈비창 소나타〉 2악장은 우리가 잘 알고 있는 멜로디입니다. 드라마나 영화 등에서 지금까지도 많이 나오는 곡이에요. 2악장 특히 제일 맨 끝부분이 상당히 좋습니다. 〈비창 소나타〉는 1악장, 2악장, 3악장 다 유명합니다. 〈운명 교향곡〉 하면 〈바바바밤〉 하는 부분이 떠오르나요? 〈운명 교향곡〉의 1악장이 가장 유명하지요. 반면 〈비창 소나타〉는 1악장, 2악장, 3악장 모두 잘 알려져 있습니다. 〈비창 소나타〉 3악장은 오락실 게임 '펌프'에 나온 곡입니다. 한때 동네마다 있던 오락실에서 가장 큰 인기를 끌었던 게임이지요. 리듬에 맞춰 발판을 밟으며 춤을 추듯 움직이는 펌프 게임 아시나요? 펌프를 할 때 더욱 신나게 하는 건 음악이었지요. 펌프 최고의 인기곡 드라마 《베토벤 바이러스》는 베토벤의 〈비창 소나타〉 3악장을 차용한 펌프 OST입니다. 2000년 이 곡이 출시되자 엄청나게 히트하면서 온 국민이 알 정도로 유명해졌지요. 2008년에 드라마 《베토벤 바이러스》 중 공연 장면에서 무반주로 연주되었어요.

이 곡의 원래 제목인 프랑스어 'pathétique'는 '비장한'이라는 뜻이에요. 극의 분위기에 어울리는 단어를 고르느라 그랬던 걸까요? 비창은 원제의 뜻과는 다른 오역이에요. 이 제목은 베토벤이 붙인 게 아니라 악보를 출판한 출판업자가 붙인 것입니다. 이전 시대 음악에서는 상상할 수 없는 강렬한 곡이지요. 최초의 비극적인 분위기의 피아노 소나타입니다. 당시 다른 소나타들은 2~3곡을 묶어서 출판했는데 이 곡은 단

독으로 출판됐어요. 출판할 당시 출판업자가 이 곡의 인기를 내다본 것 같습니다.

〈비창〉이라는 제목의 곡에는 차이콥스키의 〈비창 교향곡〉과 베토벤의 〈비창 소나타〉 두 곡이 있습니다. 차이콥스키의 6번 교향곡 〈비창〉은 매우 슬픕니다. 우울하기까지 합니다. 우울증에 시달리던 차이콥스키가 〈비창〉을 직접 지휘해 초연을 하고 얼마 후 콜레라로 죽게 됩니다. 평생 동성애자임을 숨기려 했던 차이콥스키가 자살했다는 설도 있지요. 자살 시도를 한 적이 있었기 때문에 차이콥스키가 동성애 사실이 밝혀지는 것이 두려워 자살한 것이라는 얘기지요. 비창, 매우 슬프다는 뜻이죠. 뭐가 그렇게 슬픈 것일까요? 귀가 안 들리고 여자한테 실연당한 베토벤, 동성애에 엄격했던 당시에 위장 결혼을 했던 차이콥스키. 자신의 정체성 때문에 몹시 슬펐던 음악가 차이콥스키는 사실 정말 좋은 환경에서 음악가로 활동했어요.

차이콥스키는 러시아에서 태어나 아버지의 뜻대로 법률학교에 입학하고 졸업 후에 법무성의 서기로 근무해요. 하지만 음악가의 길을 가기 위해 1863년 일을 그만두고 상트 페테르부르크 음악원에 입학하지요. 졸업 후 모스크바 음악원에서 학생들을 가르치면서 본격적으로 작곡을 하게 됩니다.

작곡을 시작한 차이콥스키는 1877년부터 약 14년간 러시아 대부호의 미망인 폰 메크 부인의 후원을 받게 돼요. 폰 메크 부인은 차이콥스키가 음악에만 몰두할 수 있게 매년 거액을 후원해요. 차이콥스키는 폰 메크 부인의 후원을 받기 시작한 뒤 모스크바 음악원 교수를 그만두고 작곡에 매진하지요. 둘은 무려 1,200여 통의 편지를 주고받았어요. 2~3일에 한 통씩 편지가 오간 거죠. 음악 이야기뿐 아니라 소소한 개인사까지 주고받으며 깊은 교류를 하게 돼요. 둘은 만난 적이 단 한 번도 없어요. 편지만 주고받았을 뿐이었어요. "제가 이번에 얼마 넣었어요" 하는 편지를 보내고 차이콥스키는 답장을 합니다. "덕분에 그 돈으로 제가 이번에 작곡한 곡은…… 저도 이 곡을 대단하다고 생각합니다." 19세기 러시아의 가장 위대한 작곡가 차이콥스키는 평생에 걸친 후원금으로 작곡에만 몰두해 명곡을 탄생시킬 수 있었어요. 예술가에게 후원이 이렇게 중요하다는 거 아시겠지요? 그런데 둘의 관계는 1890년에 폰 메크 부인이 차이콥스키에게 결별을 통보하면서 끝이 납니다. 내게도 이런 후원자가 있었다면…….

차이콥스키가 평생 우울하고 불안했던 이유가 있습니다. 동성을 사랑하는 성적 정체성은 평생 그를 무겁게 짓눌렀지요. 차이콥스키는 첫 결혼에 실패한 후 37살에 안토니나 밀류코바라는 여인을 만나 결혼했어요. 이 결혼은 일방적인 밀류코바의 구애 때문이었는데 사랑이 없는 결혼이었지요. 차이콥스키가 결혼 6주 만에 모스크바를 떠나 상트 페테르부르크로 가서 다시는 돌아가지 않으면서 결혼 생활은 끝나고 말아요.

1893년 차이콥스키는 레스토랑에서 식사를 하고 설사와 복통을 호소하다 5일 만에 세상을 떠납니다. 동성애 관계가 알려져서 비소를 마시고 자살했다는 게 가장 설득력 있게 받아들여지는 이야기입니다. 그의 장례식에 수만 명의 시민이 몰렸는데 그들이 격리되지 않았던 사실을 보면 콜레라가 아니었을 것이라 생각할 수 있어요. 당시 콜레라는 전염되는 것으로 알려져 격리되었어야 해요. 복통과 설사를 호소했는데 비소 중독 증상과 같다는 것 등이 콜레라가 아닌 자살이라는 증거지요. 〈교향곡 6번 Op.74〉 비창이 초연된 지 불과 9일 만에 죽고 맙니다.

드뷔시 〈달빛〉&
베토벤 〈월광 소나타〉

〈달빛〉은 드뷔시가 1890년에 작곡한 피아노 독주곡입니다. 베토벤의 〈월광〉과는 같은 달빛이지만 다르게 표현되어 있어요. 〈월광 소나타〉는 베토벤이 제자이자 연인이었던 줄리에타 귀차르디에게 헌정한 곡으로, 차갑고 쓸쓸한 느낌이지요. 〈달빛〉은 따뜻하고 부드러운 느낌이 듭니다. 프랑스의 시인 폴 베를렌의 시 '하얀 달'에서 영감을 받은 곡으로 알려져 있어요. 드뷔시는 달빛이 푸른 조명으로 피아노를 비춘다고 표현하기도 했습니다.

두 곡은 모두 피아노곡입니다. 드뷔시는 1862년생, 베토벤은 1770년생이니 드뷔시와 베토벤은 100년 차이가 납니다. 아마도 드뷔시는 베토벤의 〈월광〉을 듣고 작곡했을지도 모릅니다. 그렇게 해서 나온 곡이 드뷔시의 〈달빛〉입니다. 마치 숲을 보는 느낌이죠. 어릴 적 만들었던 싸이월드 홈피에 많이 나왔던 곡입니다.

드뷔시는 프랑스의 작곡가이자 피아니스트로 인상주의 음악의 창시자입니다. 드뷔시는 1862년생으로 프랑스 생제르맹에서 태어나 7살에 피아노를 배우고 재능을 인정받아 11살에 파리 국립음악원에 입학합니다. 학교를 졸업하고 피아노 레슨으로 생계를 유지하면서 작곡을 하죠. 당시 예술가들의 도시 파리에서 음악가들은 시인들, 화가들과 베프가 되었습니다. 드뷔시는 1887년 인상파 화가들과 만나면서 인상주의를 음악으로 표현하기 시작합니다. 인상주의는 19세기 후반 프랑스에서 일어난 근대 미술의 한 경향이에요. 빛과 색에 대한 화가의 순간적이고 주관적인 느낌, 즉 인상을 그림으로 표현했죠. 클로드 모네, 오귀스트 르누아르, 에두아르 마네, 폴 세잔 등이 인상파 화가들입니다. 드뷔시는 고흐, 고갱과 친했어요.

인상주의는 20세기 음악의 시작이라 할 수 있어요. 드뷔시는 낭만주의의 문을 닫고 인상주의 시대를 열었습니다. 인상주의 회화에서 빛을 중요하게 생각하듯이 드뷔시는 음악에서 감각을 중요하게 생각했지요. 기존 화성의 틀에서 벗어나 조성, 음계, 규칙적인 박자의 관념 없이 자유롭게 생각하게 되었어요. 음악의 주제가 형식의 틀에서 벗어나 자연스럽게 흘러나와야 한다고 생각했어요.

♭ 호수의 달빛이 떠오르는 음악, 베토벤 〈월광 소나타〉

〈월광 소나타〉는 1악장, 2악장, 3악장으로 되어 있어요. 피아노 소나타는 일반적으로 3악장으로 구성되지만, 곡에 따라 2악장이나 4악장 이상으로 이루어진 경우도 있어요. 시대와 작곡가에 따라 악장 수가 달라지며, 베토벤의 후기 소나타 일부는 2악장으로, 모차르트나 하이든의 소나타 중에는 4악장으로 구성된 작품도 있습니다. 따라서 피아노 소나타의 악장 구성은 작품마다 다양하게 나타나요. 베토벤이 살았던 시기는 17~18세기 중반까지 이어진 바로크 시대가 지나고 고전주의 시대입니다. 베토벤, 모차르트, 하이든이 활동했던 고전주의 시기는 소나타의 형식이 완성된 시기로 많은 곡이 소나타 형식으로 작곡되었어요.

〈월광〉은 1악장이 가장 유명합니다. 2악장은 고즈넉한 느낌이에요. 드라마에서 많이 나오는 음악이지요. 드라마의 남녀 주인공이 있습니다. 남자 주인공이 밤에 혼자 여자 주인공을 생각할 때, 남자 주인공이 혼자 산책할 때 여자 주인공과 오버랩되면서 〈월광 소나타〉 1악장이 나옵니다. 이번에는 〈월광〉 3악장을 한번 들어볼까요? 3악장은 상당히 격정적이에요. 그래서 3악장도 유명하지요. 〈월광 소나타〉는 베토벤의 생전에도 가장 인기 있는 작품 중 하나였어요.

〈월광 소나타〉를 듣다 보면 아무것도 보이지 않는 어두운 밤하늘에 구름이 확 지나가는 것 같습니다. 격정적이라고 하지요. 베토벤은 결혼을 한 적이 없어요. 독신이었는데 한 여인한테 고백했다가 거절당합니다. 이 곡을 그녀에게 헌정했다는 이야기가 있지요. 줄리에타 귀차르디라는 이름처럼 베토벤이 귀찮았나 봅니다.

파가니니 《무반주 바이올린을 위한 24개의 카프리스》& 리스트 《초절기교 연습곡 S.139》

1990년도에는 모든 개그맨이 《모래시계》에 나온 최민수 배우 성대 모사를 했어요. 개그맨이 기본적으로 갖춰야 하는 개인기 같은 거였죠. 그 정도로 화제가 됐어요. 〈바이올린과 기타를 위한 소나타 Op.3 No.6〉이 바로 1994년 《모래시계》에 나온 곡입니다. 마지막 장면에서 햇볕과 나뭇잎이 교차되고 새가 날아가며 최민수 배우가 "나 지금 떨고 있니?"라고 말할 때 나오는 멜로디지요. 드라마의 그 장면이 30년이 넘도록 회자되고 사랑받는 것도 클래식의 영향인 것 같아요.

이 곡은 파가니니의 곡입니다. 이 곡에서는 기타가 피아노 역할을 합니다. 파가니니는 당시 핫한 연주자였어요. '강남 스타일'처럼 '파가니니 스타일'이 유행했던 거죠. 사람들이 파가니니의 양복, 모자, 장갑, 구두 등을 따라 입었어요. 지금으로 치면 세계적인 인기 스타였던 셈이지요. 그만큼 그를 둘러싼 소문과 가십도 넘쳐났습니다.

파가니니는 바이올린을 너무 잘 켰어요. 그래서 사람들이 시기와 질투를 하는 거예요. 심지어는 악마가 씌었다고 했지요. '악마가 씌지 않으면 저렇게 연주를 잘할 수 없다. 악마에게 영혼을 팔았다' 그런 거죠. 파가니니가 네 줄 현을 현란하게 연주하는데 얼마나 어려웠는지 바이올리니스트들이 쉽게 따라 할 수 없었어요. 그런데 파가니니는 연주하는 거죠. 사실 파가니니는 억울했을 거예요. 파가니니의 손가락은 아주 길었는데 마르판 증후군이라는 주장이 있어요. 손발이 지나치게 길고 키가 아주 커서 설득력이 있는 주장이에요. 비쩍 마르고 팔과 손가락이 긴 데다가 연주 도중에 줄이 끊어져 남은 줄 하나만으로 아무렇지 않게 연주하는 파가니니의 모습은 같은 인간으로 보이지 않았던 거예요. 놀라운 바이올린 기교로 파가니니에 대한 인기가 높아갈수록 루머도 널리 퍼지고 점점 심해져 살아 있는 악마의 무대를 보려는 관객은 기하급수적으로 늘어갑니다. 인간이 흉내 낼 수 없는 악마의 것이라는 잘못된 믿음으로 파가니니는 죽을 때까지 시달립니다.

《무반주 바이올린을 위한 24개의 카프리스》는 바이올린을 배우는 전공자들이라면 누구나 거쳐 가는 작품이에요. 이 작품집은 바이올린의 기교적 기술들이 집약되어 있어 24개의 곡을 완벽히 소화할 수 있는 바이올리니스트가 전 세계적으로 몇 되지 않을 정도로 어렵습니다.

파가니니는 결국 외국에서 떠돌며 연주하다가 외국에서 죽습니다. 파가니니를 묻어줘야 하잖아요. 그런데 이탈리아 제노바 고향 사람들이 파가니니를 안 묻어줘요. 너무 심하지요? 지금 같으면 "여기 묻으면 집값 떨어져" 그런 거죠. 사망 후 30년 넘게 고향으로 돌아오지 못합니다. 파가니니의 아들이 36년이나 교황청에 탄원을 거듭한 끝에 1876년에 고향에 묻힐 수 있게 됩니다.

파가니니의 《카프리치오 24번》은 특히 가장 유명하며 손으로 잡을 수 없는 위치를 연주합니다. 파가니니가 직접 연주하려고 작곡한 곡이에요. 파가니니가 이 곡을 연주할 때 혼절한 사람도 있었다네요. 너무 빼어난 실력이 있는 것도 좋지만은 않은 것 같아요. 리스트, 슈만 그리고 수많은 피아니스트들이 파가니니를 흠모했어요. 파가니니는 죽을 때까지 악마라는 꼬리표를 떼지 못한 채 잠들었어요.

♭ 신부가 된 피아니스트, 리스트

지금도 여성 관객들에게 사랑받는 피아니스트들이 있지요. 리스트는 지금으로 치면 가장 핫한 아이돌이라고 할 수 있을 정도로 인기가 많았습니다. 파리 사교계의 최고 스타였죠. 당시 파리에서 귀족 부인들이 집을 개방해 살롱을 여는 모임이 유행이었어요. 살롱에는 그랜드피아노가 놓였고 사람들이 둘러앉아 음악가의 연주를 들었습니다. 무대와 객석의 구분이 없이 굉장히 가까이에서 연주를 감상했어요. 리스트의 화려하고 격정적인 피아노 연주에 여성 관객들이 빠져들 수밖에 없었던 거예요. 리스트가 피아노 연주를 마치면 여성 관객들이 실신했다고 해요.

리스트는 뛰어난 피아노 연주만큼이나 화려한 사생활로 화제를 몰고 다녔어요. 최고의 미남 피아니스트였으니 그럴 만도 했지요. 22살

때 리스트는 6살 연상인 마리 다구 백작 부인을 만납니다. 결혼해 자녀도 있었던 마리 다구 백작 부인은 리스트와 열렬한 사랑에 빠졌어요. 리스트와 마리 다구의 스캔들은 파리 사교계를 뒤집어 놓았죠. 둘은 파리를 떠나 10년간 스위스와 이탈리아를 여행하며 살았어요. 결혼은 하지 않은 채 1남 2녀를 낳았습니다. 당시 리스트는 피아니스트로 전성기였어요. 매일 피아노 연습을 하고 연주 여행으로 바빴지요. 결국 마리는 리스트와 동거한 지 4년 만에 자녀들을 데리고 혼자 파리로 돌아갑니다.

마리와 결별한 리스트는 피아니스트로서 절정을 맞이합니다. 당대 최고의 피아니스트로 유럽 전역을 누비며 연주회를 열었습니다. 리스트는 마리와 헤어진 지 3년 뒤 카롤리네 자인 비트겐슈타인 공작 부인과 만납니다. 리스트와 카롤리네는 독일 바이마르에서 동거를 시작해요. 둘은 결혼하려고 했어요. 카롤리네는 남편과 이혼하려 했지만 남편이 반대하지요. 결국 두 사람은 헤어지게 됩니다. 리스트는 카롤리네와 지내는 동안 작곡에 열중합니다. 이 시기에 〈파우스트 교향곡 S.108〉, 〈헝가리 광시곡 2번 S.244〉, 〈피아노 소나타 B단조 S.178〉 등 대표작들을 발표합니다.

카롤리네는 수녀가 되어 수도원에 들어갑니다. 그런데 리스트도 사제 서품을 받아 신부가 돼요. 정말 의외의 선택이지요? 50세가 넘은 나이에 신부가 된 거예요. 그는 수도원에 들어가는 대신 제자들을 가르치고 75세에 세상을 떠납니다.

♭ 피아니스트가 된 헝가리 시골 소년, 리스트 〈헝가리 랩소디〉

리스트는 소년 시절을 헝가리의 시골에서 보냈는데 그때 집시들이 연주하는 곡을 들으며 헝가리의 민속 음악을 배웠어요. 〈헝가리 랩소디〉는 그런 리스트의 경험이 녹아 있는 곡이에요.

아버지는 6살 때 리스트에게 피아노를 가르치면서 재능이 있다는 걸 알고 오스트리아 빈으로 갑니다. 피아노 명교사였던 카를 체르니에게 레슨을 받으려는 거였죠. 오늘날 모든 아이가 피아노 학원에 가면 처음에 배우는 그 '체르니'예요. 체르니는 리스트의 재능을 알아보고 리스트에게 기본기를 가르쳤지요. 하지만 리스트가 빈에서 머무는 데 들어가는 비용을 감당하기 어려웠던 집안 형편 때문에 2년 만에 레슨은 끝이 납니다. 그러나 10살 때 빈에서 연주회를 열어 큰 성공을 거두면서 유럽 전역에 신동 피아니스트로 이름을 알리기 시작해요. 파리 사교계에서 가장 인기 있는 피아니스트로 자리 잡지요. 1839년부터 8년 동안 무려 1,000회의 연주회를 열었다는 기록이 있으니 대단하죠.

리스트는 파리 지성계와 예술계의 중심이던 살롱 모임에서 유명한 작가, 화가, 음악가들과 친분을 쌓았어요. 쇼팽과도 이때 만나지요. 쇼팽과 리스트는 친해져서 서로의 연주회에 다니고 서로의 음악을 진심으로 존경하며 큰 영향을 주고받았어요. 가까운 사이일수록 갖춰야 할 것도 있는 법이죠. 리스트와 쇼팽은 크게 다투고 사이가 나빠집니다. 리스트는 쇼팽과 바그너를 세상에 소개하기도 했는데 쇼팽의 작품들은 리스트 덕분에 많은 사람에게 알려질 수 있었어요. 바그너도 마찬가지였죠. 바그너가 리스트를 친구로 두지 않았더라면 아마 바그너의 곡들은 오랫동안 세상에 알려지지 않았을지도 모릅니다.

1831년, 21세 때 리스트는 음악 인생에 큰 변화를 맞게 됩니다. 악마의 바이올리니스트로 불리던 파가니니의 연주를 눈앞에서 처음 보게 된 거죠. 그리고 파가니니를 음악적 롤모델로 삼았어요. 리스트는 신기에 가까운 완벽한 기교, 쇼맨십, 격정적인 연주 동작에 충격을 받습니다. 파가니니가 리스트보다 조금 선배지요. 리스트는 파가니니를 동경해 그의 바이올린곡을 피아노곡으로 편곡해 연주합니다. 그의 신기에 가까운 바이올린 연주를 피아노 건반 위에서 구현시키고 싶었던 거지요. 퍼포먼스가 돋보이는 피아노 연주는 파가니니와 많이 닮았습니다. 피아노의 파가니니인 거죠.

리스트의 《초절기교 연습곡 S.139》은 12곡으로 이루어져 있어요. 대다수 피아니스트가 고개를 젓는 어려운 곡이죠. 리스트는 당시 클래식 음악계에 많은 변화를 가져옵니다. 당시 연주회는 성악가나 기악 연주자들이 합주하는 형식이었어요. 악기 하나로 하는 독주회는 없었지요. 하지만 리스트는 혼자 힘으로 2시간을 공연하는 피아노 독주회를 엽니다.

리스트는 낭만주의자였어요. 낭만주의 시대답게 음악도 서정적이지요. 리스트는 '피아노는 그 자체로 오케스트라'라고 했어요. 관현악곡, 성악곡, 바이올린곡 등 다양한 작품을 피아노 연주곡으로 편곡해서 연주했지요. 베토벤 교향곡 9곡을 모두 피아노 연주곡으로 편곡했습니다. 피아노의 왕이라 할 만한가요? 리스트는 피아노의 왕답게 평생 1,000곡에 달하는 피아노곡을 작곡해요. 기교가 뛰어난 그의 피아노곡들은 피아니스트들이 연주하기 어려운 곡으로도 유명해요. 리스트는 누구도 흉내 낼 수 없을 만한 뛰어난 연주 기교를 가졌어요. 독보적인 그의 연주 기교는 많은 일화로 전해져요. 리스트의 연주를 들을 수 없다는 게 안타깝기만 합니다.

테레제를 사랑한 베토벤과 슈베르트

성격이 괴팍하고 까칠해 독신으로 혼자 살았을 것 같은 베토벤은 평생 여인들을 사랑했던 사랑꾼이었습니다. 베토벤의 연인 이야기는《불멸의 여인》이라는 영화로 제작될 정도로 유명하지요. 베토벤은 "모든 재산과 음악을 불멸의 여인에게 바친다"라는 유언을 남겼어요. 과연 불멸의 여인이 누구인지 궁금할 수밖에 없겠지요?

베토벤은 늘 연애에 대해 이야기하고 애인이 생길 때마다 곡을 선물하곤 했어요. 불멸의 여인 후보 중 한 명은 줄리에타 귀차르디입니다. 베토벤의 제자이자 실제로 결혼하려 했던 사람이지요. 그런데 알고 보면 베토벤이 결혼하려 했던 여성은 한둘이 아니었습니다. 귀차르디의 아버지는 신분이 낮은 베토벤과 귀차르디의 만남을 반대하고 귀차르디는 귀족 출신 작곡가와 결혼합니다.

베토벤의 비서였던 쉰들러가 귀차르디를 불멸의 여인으로 지목하면서 한동안 그녀라고 믿게 됩니다. 하지만 반박할 증거가 많이 나오면서 그녀가 아니라는 것이 밝혀지지요. 〈월광 소나타〉는 베토벤이 그녀에게 헌정한 곡입니다. 다른 후보는 테레제 말파티입니다. 〈엘리제를 위하여〉의 원래 제목이 〈테레제를 위하여〉라는 이야기가 있어요. 베토벤이 너무 악필이어서 초판 악보를 출판할 때 테레제라고 써 놓은 것을 엘리제로 잘못 읽었다는 거지요. 이 곡의 원본을 테레제가 갖고 있었기 때문에 그 주장이 더 설득력 있게 받아들여집니다.

그럼, 베토벤의 유산은 누구에게 상속되었을까요? 그의 어마어마한 유산은 동생의 아내 요한나 리스의 아들인 조카 칼 베토벤에게 몽땅 상속됩니다. 영화《불멸의 여인》에는 요한나 리스가 불멸의 여인 후보로 나오지요. 하지만 영화는 픽션이고, 실제 베토벤과 요한나의 사이는 좋지 않았어요. 베토벤의 남동생이 죽은 후 요한나가 아들 칼을 제대로 돌보지 않는다고 생각한 베토벤이 양육권 소송을 할 정도였지요. 베토벤은 소송에서 지고 칼은 요한나와 지내게 돼요. 그런데 반전이 있어요. 요한나가 다른 아이를 낳으면서 1820년 베토벤은 조카를 데려오게 돼요.

고수머리에 키가 160센티미터도 되지 않았던 슈베르트는 외모가 볼품없었어요. 친구들은 작은 버섯이라고 부를 정도였죠. 수줍음이 너무 많아 첫사랑에게 차이고, 후에 짝사랑하게 된 사람에게는 고백도 못 합니다. 그런 슈베르트한테도 연인이 있었습니다. 슈베르트의 연인은 테레제였어요. 베토벤의 연인 테레제와 같은 인물이냐고요? 동명이인입니다. 테레제는 슈베르트와 같은 성당에서 만나 가까워졌어요. 테레제와 슈베르트는 사랑에 빠지게 됩니다. 하지만 테레제의 부모는 경제적으로 불안정했던 슈베르트와 딸의 결혼을 반대하고 테레제는 다른 사람과 결혼하게 돼요.

슈베르트는 테레제와의 이별로 큰 고통을 겪게 되지요. 슈베르트는 사랑하는 사람에 대한 그리움을 음악으로 표현해요. 〈겨울 나그네〉가 대표적이에요. 그 외에도 수많은 곡을 작곡합니다. 연인과의 이루어지지 못한 사랑을 음악으로 승화시킨 거예요. 테레제와의 사랑이 없었다면 슈베르트의 아름다운 곡들을 만나지 못했을지도 몰라요. 생전에 사랑을 이루지 못한 슈베르트지만 그의 사랑 노래는 지금까지 우리 곁에 남아 있어요.

음악가들이 사랑한 음악,
모차르트 〈레퀴엠〉

'클래식 음악' 하면 모차르트 이름을 떠올리지요. 클래식 음악의 역사는 모차르트의 탄생 전후를 기준으로 나눌 정도로 클래식 음악 발전에 큰 영향을 미칩니다. 모차르트는 음악사상 최고의 천재였어요. 모차르트가 만든 음악은 역사상 가장 체계적이고 완벽에 가까운 음악으로 평가받지요.

모차르트는 1756년 7남매 중 막내로 태어났어요. 5명은 어릴 때 죽고 누나 마리아 안나 모차르트와 둘만 살아남았어요. 누나가 아버지에게 악기를 배울 때 옆에서 따라 배웠는데 4살 때 여러 곡을 연주하고 5살 때 최초로 작곡을 했어요. 음악가였던 아버지는 모차르트에게 음악적 재능이 있는 걸 알고 아들 교육에 헌신했지요. 6살 때부터 연주 여행을 시작했어요.

모차르트는 어린 시절 또래 친구와 놀지도 못하고 정규 교육도 받지 못했어요. 성인이 돼서도 키가 작았어요. 그래서인지 어린아이 같은 면이 많았어요. 음악 외에 제대로 된 교육을 받지 못하고 또래와 어울리지 못했던 어린 시절 때문에 몸과 마음이 제대로 성장하지 못했던 거죠. 어린 시절 아버지와 연주 여행을 다니느라 잠도 잘 못 자고 먹지도 못하면서 너무 고생했던 거예요. 아버지 레오폴트 모차르트는 그런 신동 모차르트를 데리고 유럽 순회 공연을 다니지요. 1763년부터 3년간 연주 여행을 다니며 음악적 재능을 키워갔어요. 이탈리아는 물론 프랑스, 영국 등을 다니며 많은 작곡가와 교류했어요. 영국 런던에서 요한 크리스티안 바흐에게 배우며 영향을 많이 받았지요. 음악의 아버지 요한 세바스티안 바흐의 아들이에요. 신동으로 알려지며 돈도 잘 벌었어요.

17세에 고향으로 돌아온 모차르트는 잘츠부르크의 대주교 밑에서 월급쟁이로 살아야 했어요. 당시 음악가는 하인과 같은 위치였어요. 모차르트는 하인처럼 일해야 하는 현실이 지옥 같았어요. 왠지 짠해지네요. 봉급은 적은데 일의 양은 너무 많았지요. 잘츠부르크는 재능을 펼치기엔 좁은 곳이었기에 모차르트는 일을 그만두고 음악의 도시 빈으로 갑니다. 빈에서 성공할 수 있을 거라고 생각했지요. 귀족 자녀들을 가르치고 연주회도 흥행하며 돈을 잘 벌게 됐어요. 귀족처럼 살고 싶어 사치하는 데 돈을 많이 썼지요. 음악 외에 다른 일은 어린아이 같았으니 경제 관념도 없었던 거예요.

모차르트의 죽음을 둘러싸고 많은 이야기가 있어요. 라이벌로 알려진 음악가 살리에리가 질투심에 그를 죽였다는 이야기가 잘 알려져 있죠. 이 이야기를 영화로 만든 게 《아마데우스》입니다. 어릴 적 큰 충격을 준 영화 《아마데우스》에 〈레퀴엠 K.626〉이 나옵니다. 레퀴엠은 라틴어로 '안식'을 뜻해요. 가톨릭 장례 미사의 절차에 맞춘 미사곡으로 죽은 자의 영혼을 달래는 진혼곡이라고 할 수 있어요. 모차르트의 〈레퀴엠〉은 총 5부 14곡으로 구성됩니다.

생활고에 시달리던 어느 날 의문의 남자에게 거액의 선금과 함께 의뢰받은 작품이에요. 1791년 35세 때 한 남성이 모차르트를 찾아와 죽은 사람의 영혼을 위로하기 위한 레퀴엠을 써달라고 합니다. 당시 모차르트는 빚을 갚기 위해 돈을 버느라 닥치는 대로 곡을 쓰고 있었어요. 이동하는 마차 안에서도 곡을 쓸 정도로 마감에 쫓겼습니다. 체력이 한계에 이르렀음에도 쉬지 않고 곡을 쓰던 때였어요. 〈레퀴엠〉은 10월부터 쓰기 시작하는데 눈에 띄게 건강이 악화되면서 11월 20일 병상에 누워 12월 5일 세상을 떠납니다. 〈레퀴엠〉을 쓰면서 모차르트는 '이 곡은 나를 위해 쓰는 것 같다'는 말을 해요. 죽음을 예감했나 봅니다.

12월 6일 모차르트의 장례식은 빈의 성 슈테판 대성당에서 이뤄졌어요. 가난해서 겨우 장례를 치르고 시 외곽의 공동묘지에 매장됩니다. 모차르트가 어디 묻혔는지 아무도 알지 못해요. 어린 시절부터 신동으로 알려지며 화려하게 살았던 모차르트의 최후가 이처럼 초라했다니 믿을 수 없을 정도지요.

모차르트는 〈레퀴엠〉을 완성시키지 못하고 죽습니다. 아내 콘스탄체는 나머지 작곡료를 받기 위해 제자 프란츠 쥐스마이어에게 작곡을 부

오스트리아 빈
상트 막스 묘지.
모차르트를 기리는
기념비가 세워져 있다.

탁합니다. 프란츠 쥐스마이어는 〈레퀴엠〉을 완성하고 콘스탄체는 나머지 작곡료를 받지요. 쇼팽과 베토벤은 자신의 장례 미사에서 모차르트의 〈레퀴엠〉을 연주해달라는 말을 남겼어요. 그만큼 모차르트의 〈레퀴엠〉은 엄숙한 장례식에 어울리는 걸작입니다.

슈베르트 〈백조의 노래〉& 차이콥스키 〈백조의 호수〉

클래식 곡 중에는 제목에 '백조'가 들어가는 곡이 많습니다. 생상스의《동물의 사육제》중에서도 〈백조〉라는 곡이 있어요. 아름다운 첼로 소리가 인상적인 곡입니다. 〈백조의 호수〉도 있지요.

슈베르트의 마지막 유작들을 〈백조의 노래〉라고 합니다. 슈베르트의 곡들을 모아서 종합 선물 세트로 만든 게 〈백조의 노래〉입니다. 슈베르트는 1828년 11월 19일에 세상을 떠났어요. 슈베르트가 죽은 뒤 출판사에서 슈베르트의 곡들을 묶어 〈백조의 노래〉라는 제목으로 출판합니다. 슈베르트가 냈던 게 아니라 출판사에서 만든 악보집인 거죠. 당시에는 악보를 출판사 타이틀을 찍어서 만들고 저작권도 주장했어요. 그렇게 출판사는 돈을 번 거예요.

'백조'가 왜 들어가는 걸까요? 백조는 평생 울지 않는다고 합니다. 죽을 때 마지막으로 한 번만 운다는 말이 있지요. 평생 한 번 소리를 내는 거죠. 마지막에 그러한 몸부림 때문에 백조에 빗대어 표현할 때가 많습니다. 유작에는 '백조'를 넣는 거죠. 거장들의 죽음을 〈백조의 노래〉에 비유한 겁니다.

차이콥스키의 〈백조의 호수〉라는 작품도 있어요. 초연 당시에는 실패합니다. 처음에는 혹평을 받았지만 공연을 거듭할수록 진가를 인정받게 되지요. 〈백조의 호수〉를 공연장에서 보신 적이 없는 분이라도 〈백조의 호수〉 중에서 '정경' 선율에 맞춰 춤추는 백조 무용수들의 몸짓을 모르시는 분은 없을 거예요.

클래식 음악가는 생계를 위해 직업을 가져야 했습니다. 음악가는 오랫동안 신분이 높지 않고 대우도 받기 어려운 불안정한 직업이었지요. 수많은 음악가 중에는 금수저 출신도 많았지만, 가난에 시달린 경우가 더 많았습니다. 음악가가 되고 싶은 사람이라면 누구나 음악 활동만으로 생계를 유지하고 싶어 할 거예요. 하지만 매일 무대에 오르는 연주자는 없고 매일 작품을 쓸 수 있는 작곡가도 없지요. 작품을 쓴다 해도 매번 잘 팔릴 수도 없는 일이고요.

정말 행복했던 작곡가도 있어요. 로시니라는 사람이에요. 〈윌리엄텔 서곡〉을 작곡한 사람인데 로시니가 76세까지 당시로서는 상당히 오래 살았지요. 로시니는 미식가였어요. 컵에다 양파를 넣고 키우면 싹이 자라고 뿌리가 나오잖아요. 배가 볼록 나와 꼭 그 양파처럼 생겼어요. 로시니는 35살에 〈윌리엄텔 서곡〉을 작곡하고 더 이상 작곡을 안 해요.

"왜 안 합니까?" 물어봤더니 "아, 힘들어. 작곡하는 게 힘들어. 안 할래" 그런 거예요. "맛있는 거 먹고 놀래" 한 거죠. 그래서 〈윌리엄텔 서곡〉 같은 곡들의 저작권료를 받아서 살았어요.

로시니 생일이 2월 29일이었어요. 사람들이 나이를 물어보면 "18살이요"라고 답했어요. 4년마다 한 번씩 생일을 맞으니까요.

슈베르트는 죽었을 때 사람들이 누군지도 몰랐어요. 코미디언들도 인기 없을 때 하루 20만 원, 30만 원 하는 행사 뛰듯이 슈베르트도 그렇게 살다 간 거예요. 평생 작곡을 했는데도 유명해지지 않은 거죠. 몇백 년이 넘도록 전 세계 사람들에게 사랑받는 곡을 작곡한 작곡가들 중에는 지금의 명성에 걸맞지 않게 가난에 시달리다 불행한 죽음을 맞이한 사람들이 많았어요. 그들이 남긴 아름다운 곡들을 떠올리면 더 안타까워집니다.

헨델은 말년에 병으로 많은 고생을 하다 생을 마감합니다. 뇌졸중으로 오른손이 마비되고 눈이 안 보이기 시작하지요. 존 테일러라는 돌팔이 의사에게 수술받고 눈이 완전히 멀어 버리지요. 아내도 자식도 없이 혼자 보낸 헨델은 유언장을 고칩니다. '가난한 음악가 구제회'에 끊임없이 후원했던 헨델은 영국 자선단체이자 보육원인 파운들링에 《메시아》 악보와 남은 유산 전부를 기부하기로 하고 죽음을 맞습니다. '가난한 음악가 구제회'가 있었다니 당시에도 가난에 시달리는 음악가들이 많았다는 걸 알 만하겠지요.

비발디의 말년도 불행했어요. 베네치아를 떠나 빈으로 이주한 비발디는 음악가로 활동하려 했지만 뜻대로 되지 않았어요. 수입은 점점 없어지는데 사치가 심했지요. 빈곤에 시달리다 장례 치를 돈조차 없어서 나라에서 제공하는 극빈자 장례식으로 생을 마감합니다.

'매일 밤마다 침대에서 눈을 감으며 내일 아침이 오지 않길 바란다.'

가난은 슈베르트를 평생 따라다닙니다. 아무리 훌륭한 작품을 써도 그의 작품을 출판해 주는 곳이 많지 않았기 때문입니다. 끼니 거르기를 밥 먹듯 했고 행색은 늘 초라했지요. 일정한 거처도 없이 친구들의 도움을 받으며 하루하루를 살아 나갔어요. 슈베르트가 얼마나 가난했는지 알려주는 일화가 있습니다. 하루는 한 친구가 슈베르트의 사정을 알고 밥을 샀어요. 슈베르트는 그 자리에서 큰 빵을 여러개나 단번에 먹어버린거에요. 배가 그렇게 많이 고팠냐고 묻자 슈베르트는 며칠 동안 물 빼고 아무것도 못 먹었다고 답하지요. 슈베르트의 아름다운 곡과 상반되는 슈베르트의 고난한 삶에 가슴 한편이 짠해 옵니다.

김현철이 들려주는 클래식 거장들의 맛있는 이야기

EPISODE 6 모차르트&비엔나 소시지: 맛 표현도 마치 예술 작품처럼

볼프강 아마데우스 모차르트(Wolfgang Amadeus Mozart,1756~1791)

모차르트는 음식에 별 욕심이 없었어요. 근데 여행을 워낙 많이 다녔기 때문에, 빨리 먹고 이동할 수 있는 음식들을 선호했죠. 그 중 하나가 바로 비엔나 소시지! 어느 날은 모차르트가 친구와 함께 저녁을 먹으면서, 자신이 좋아하는 소시지를 맛있게 먹고 있던 중 갑자기 “이 소시지는 천상의 맛이다!”라고 말했어요. 그와 함께 있던 친구는 "그렇다면 천국에서 누가 이 소시지를 만들었나?"라고 물었고, 모차르트는 "음, 천사들이 만든 소시지야!"라고 답하며 웃음을 자아냈다고 합니다.

또 하루는 디저트를 먹으면서 "이 케이크는 마치 하나의 소나타 같아. 달콤하고, 섬세하고, 마지막에는 상큼한 끝맺음이 있지!"라고 농담을 던지기도 했습니다. 모차르트의 천재적인 감수성은 음식의 맛을 음미할 때조차 빼놓을 수 없을 정도로 섬세하고 깊이 있었던 것 같아요.

악보만 본다고 해서 지휘를 잘할 수 있는 것은 아니에요. 지휘를 전공하는 사람은 실제 지휘를 해 봐야 하는 거예요. 잘된 연주자들의 음반을 듣는 거죠. 그런데 교향곡 같은 걸 지휘하려면 잘된 연주만 들어서는 할 수가 없어요. 직접 해 보면 잘된 연주를 듣는 거랑 다르거든요. 그러면 어떻게 해야 할까요? 실제 돈을 주고 연주자들을 모아 오케스트라를 구성해서 해 봐야 되는 거죠. 바이올린 파트만 해 보고, 관악 파트만 해보고, 이렇게 여러 파트를 해 봐야 되는 거예요. 하지만 돈이 없으니까 연주자를 모으기도 쉽지 않습니다. 그럼 어떻게 하냐. 아마추어 오케스트라 같은 데서 하는 거죠. 이런 과정을 오케스트레이션이라고 합니다. 저도 그런 과정이 필요했던 거죠. 매번 잘된 연주만 듣는다고 지휘를 잘할 수는 없는 거니까요. 실제로 가서 하고 싶은데 오케스트라를 구성할 수가 없는 거예요. 그래서 청소년 오케스트라 명예 지휘자를 하게 됐어요. 돈을 안 받고 지휘하는 거예요. 가면 학생들이 연주해요. 1 바이올린, 2 바이올린, 비올라, 첼로, 나름 파트가 있어요. 그런데 똑같은 곡 CD를 듣고 가서 지휘를 하면 하나도 안 맞아요. 아이들 연주가 그만큼 못 따라오는 거예요. 그전에는 악보만 보면 다 할 수 있을 줄 알았어요. 그런데 해 보니 안 되는 거예요. 악보도 다릅니다. 오리지널 악보와 다른 쉬운 악보로 되어 있어요. 혼자 경험하면서 알게 되는 거죠.

어느 날 특수학교에서 '우리도 와서 좀 해 주세요' 하셔서 가게 됐어요. 홀트 학교에 돈을 안 받고 매주 가서 했어요. 그러다 개교 기념 음악회를 일산에 있는 아람누리 극장에서 크게 했어요. "학생들이 그동안 열심히 연습해 온 연주회를 시작하겠습니다. 명예 지휘자인 김현철 선생과 함께합니다" 하고 소개하면 휠체어에 앉은 학생을 제가 데리고 들어갔어요.

공연이 끝나고 한 어머님이 제 손을 잡고 막 우십니다. "우리 애랑 이렇게 같이 해 줘서 너무 고맙다"고 말이지요. 그런 칭찬을 받으려고 한 게 아니라 제가 필요해서 시작한 건데 칭찬을 받으니 더 열심히 해야겠다는 마음이 들더라고요. 그리고 지휘에 대해 더 적극적인 마음을 갖게 됐어요.

그러다 신발 회사 사장님과 인연이 되어서 제가 부탁했어요. "특수학교 명예 지휘자를 하고 있는데 아이들에게 신발 선물을 하면 어떨까요?" 했더니 신발 사장님이 하겠다는 거예요. 정확히 184켤레였지요. 신문에도 났어요. 아이들한테 나눠줬더니 좋아서 난리였어요.

점점 지휘 일이 많아지기 시작했어요. 그러다 보니 특수학교에 가는 것도 자연스럽게 뜸해졌지요. 그런데 하루는 누군가 "선생님, 저는 특수학교 학부모예요" 하고 인사를 하길래 저는 도둑이 제 발 저리듯 "요즘에는 왜 자주 안 오세요?"라고 할 줄 알았어요. 그런데 "우리 애가 그때 신발 주셔서 너무나 좋아해요. 감사합니다" 하는 거죠. 그리고 아이가 그 신발 외에는 신지 않는다는 거예요. 제가 선물해 준 신발밖에 안 신는다니 갑자기 울컥하는 거예요. 그때가 한여름이었어요. 제가 신발을 선물했을 때는 겨울이어서 털 신발을 선물했거든요. 한여름인데 애가 그 털 신발만 신고 다닌다는 얘기를 들으니 갑자기 눈물이 핑 돌았어요. 농담으로 "한여름에도 털 날리는 신발만 신고 학교에 간다니…… 그럼 샌들 사줄까요?" 했더니 그 엄마가 울다가 웃다가 그러는 거죠.

그때까지 저는 남을 도와주지 못할망정 남한테 피해는 주고 싶지 않아서 '내가 먼저 실수를 절대로 하지 말아야지' 그런 생각밖에 없었어요. 그런데 뜻하지 않게 남을 도와주고 봉사를 하게 된 건 클래식을 하면서부터였어요. 개그맨 하면서는 그런 계기가 별로 없었어요. 장애가 있는 분들, 어려움이 있는 분들이 개그맨을 섭외하려고 요청하지도 않지요. 그런 곳에서 사회를 보거나 개그를 할 일이 없는 거예요. 그런데 클래식을 하면서 남을 돕게 된 거죠. 이 일을 계속할 수밖에 없는 거예요.

'김현철, 현마에의 웃음과 감동이 있는 오케스트라'는 클래식과 웃음을 조화한 공연이에요. 웃음이 담긴 클래식, 웃음과 감동이 있는 공연이에요. 클래식에 힙합, 국악, 트로트 등 여러 가지 섞는 시도는 많이 있었어요. 김현철 오케스트라에만 있는 필살기는 웃음과 감동이에요. 관객을 들었다 놨다 할 수 있는 거죠. 공연이 끝날 때까지 보통 2시간 정도 되는데 공연을 관람하는 분들이 체감할 때는 "벌써 끝났어? 너무 재밌다" 할 수 있게 말이에요.

저는 개그를 30년째 하는 개그맨입니다. 김현철이라는 사람은 웃음을 주고, 클래식은 감동을 줘요. 웃음과 감동이 있으면 3대가 볼 수 있는 공연이 됩니다. 아이를 위해서 아빠들이 억지로 끌려오는데, 아빠들 후기를 보면 "모처럼 아빠 노릇하고 나는 가서 자야지" 했다가 공연 끝나고 "내가 안 잘 줄 몰랐다" 하며 기립박수를 쳤다고 해요. "왜 재밌습니까?" 물어봤더니 "한 번쯤 들어본 클래식 곡이지만 실제로 직접 연주하는 건 처음 들어봤다. 처음부터 끝까지 들어본 건 태어나서 처음인데 실제로 들으니까 좋다"고 답하더군요. 그 사람이 카타르시스를 느낀 거예요.

'지휘를 전공도 안 하고 외워서 하는 건 불가능해' 하면서 확인하러 오는 사람들도 있어요. 지휘를 잘하나 못하나 검증하러 오는 거죠. 저는 공연 시작 전에 얘기합니다. 음식이 맛이 없으면 환불해준다고 하는 것처럼 "웃음과 감동이 없으면 환불해 드리겠습니다" 하고요. 지금까지 환불해 준 적은 한 번도 없습니다. 재밌었지만 환불하겠다고 하셔도 해 드리겠다고 얘기합니다. 하지만 실제로 웃고 즐거웠는데 "재미없었어요" 할 사람은 없지요. 제 공연 티켓은 무료부터 15만 원까지 하는데 1분 1초라도 열심히 안 할 수가 없어요. 지자체 공연은 무료로 할 때도 있는데 사람들이 낸 세금으로 하기 때문에 1분 1초도 최선을 안 할 수가 없지요. 지자체에서 가장 많이 초청받는 공연이라고 자부합니다.

클래식에 대한 기본 정보 없이 가면 어려운 일반 클래식 공연과 달리 김현철의 오케스트라는 기본적인 정보가 없이 와도 곡 해설을 너무 재미있게 해 줘서 공연이 끝나면 공연에 나온 곡들에 대해 한 마디 할 수 있게 돼요.

언젠가 클래식으로 코미디를 하고 싶은 꿈이 있습니다. 아직은 때가 아니에요. 예를 들어 박명수가 모르는 사람에게 "이거 확" 이러면 10명 중에 8명은 웃어요. 그 정도 돼야 할 수 있어요. 사람들이 '저 사람은 진짜 클래식을 열심히 했던 사람이고 클래식 다 아는 사람이다'라는 인식이 되어야만 클래식을 가지고 코미디를 할 수 있어요. 더 알려야죠. 아직 멀었어요. 클래식을 정말로 좋아하는, 진심으로 지휘하는 사람으로 인정받아야 코미디를 해도 이해해 줄 거예요. 어린 시절 또래 친구들을 웃기려고 시작했던 클래식 지휘, 그리고 실제 오케스트라를 연주하고 싶다는 꿈을 이루었습니다. 이젠 클래식을 가지고 코미디를 하고 싶다는 꿈을 꿉니다. 그 꿈은 언젠가 이루어질 거예요.

김현철의 고급진 클래식당

초판 1쇄 발행 2025년 4월 5일

지은이	김현철
감수	박태연
발행인	조찬우
펴낸곳	차선책
기획·편집	채정은
교정·교열	정윤아
디자인	박은정
마케팅	데이터마케터K · 루카스미디어
인쇄	(주)예인미술
출판등록	제2022-00056호
주소	서울특별시 송파구 풍납동 풍성로 14길 31, 405호
전화	010-5832-4016
이메일	thenextplanb@gmail.com
인스타그램	@thenextplan_official
트위터	@thenextplanb
블로그	blog.naver.com/thenextplanb
유튜브	www.youtube.com/@thenextplan_b

ISBN 979-11-979198-8-6 03670